周作人著作

秉烛後谈

钟叔河——编订

岳麓書社·长沙

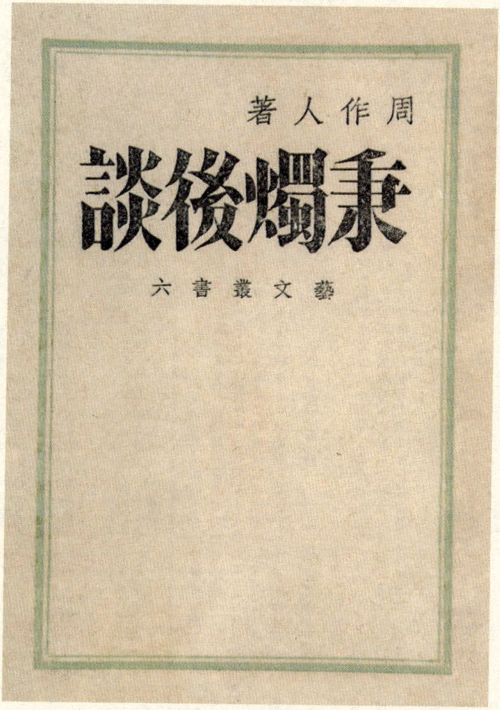

艺文社本《秉烛后谈》

编者的话

钟叔河

一九八七年一月三日《光明日报》上，岳麓书社刊出了我拟稿的一帧广告（左图），宣布了书社和我对重印周作人著作的观点：

“人归人，文归文。周作人其人的是非功过是另一问题，其书的主要内容是对传统文化和国民性进行反思，对中国—西方和中国—日本的文化历史进行比较研究，今之读者却不可不读。……”

随即便开始出书。既出周作人著作的单行本，也出精装合订本。两年之间，出了二十四种。

书当然不是想出便能出的，得按规矩，走程序。周家授权了，报告批复了，宋木文、杨牧之、伍杰各位领导都当面或来信表示应允和支持了，便能够出了。

出就得出好。当时强调了两条：（一）因为均系据旧本重印，所以一定要认真校订，尽力改正旧本误植失校的错误；（二）因为手稿不存，无法对勘，所以一定要详出校记，改动处一概保留原文，承担责任。

这两条，读者看来大都是认可的。直到如今，在旧书网上，八十年代“岳麓版”的周作人著作，始终都卖得不错。

现在，岳麓书社决定又来出版周作人著作，仍然要我负责编订，做法则一仍其旧。主要还是这些书，还是这两条，新的广告也就不必再做了。

鄢琨君三十年前和我同编了这些书，此次仍然合作，蒋浩君也参加了进来。校记原列表在书末，如今改作尾注。二君新增校改之处，分别标出“鄢校”“蒋校”，特此说明，并志感谢。

二〇一八年五月十五日于长沙。

出版题记

《秉烛后谈》作为《艺文丛书》之六，一九四四年九月由新民印书馆印行，无序记，收文二十四篇。

这二十四篇文章，作于一九三七年至一九四〇年间，有的写成后即在当时的杂志上发表过，如《自己所能做的》《贺贻孙论〈诗〉》曾刊《宇宙风》，《〈南堂诗抄〉》曾刊《逸经》，《谈混堂》曾刊《西风》，《谈过瘾》曾刊《论语》，等等。它们的题材、风格和思想，与《风雨谈》《瓜豆集》《秉烛谈》一脉相承，仍然是作者心目中的“大品正经文字”。

但这毕竟是一本日本统治下印成的书，在作者“下水”期间所出七书中，它的编校质量是最差的。《俞理初的诙谐》篇原版第四十七页上，“蔡孑民”错成“蔡子民”，“《习苦斋笔记》有一则”错成“《习苦齐笔记》有一侧”，这样的讹误即达七处之多；第四十八页上，又将作者交待手民的一句话“非ㄱㄴ之ㄴ”排成了正文，核对居然也没有核出删去。所以，我们校订时所出校记，很可能也以这本书为多。

二〇二〇年五月二十八日，锺叔河。

目录

自己所能做的

自己所能做的是什么？这句话首先应当问，可是不大容易回答。饭是人人能吃的，但是像我这一顿只吃一碗的，恐怕这就很难承认自己是能吧。以此类推，许多事都尚待理会，一时未便画供。这里所说的自然只限于文事，平常有时还思量过，或者较为容易说，虽然这能也无非是主观的，只是想能而已。我自己想做的工作是写笔记。清初梁清远著《雕丘杂录》卷八有一则云：

> 余尝言，士人至今日凡作诗作文俱不能出古人范围，即有所见，自谓创获，而不知已为古人所已言矣。惟随时记事，或考论前人言行得失，有益于世道人心者，笔之于册，如《辍耕录》《鹤林玉露》之类，庶不至虚其所学，然人又多以说家杂家目之。嗟乎，果有益于世道人心，即说家杂家何不可也。

又卷十二云：

> 余尝论文章无裨于世道人心即卷如牛腰何益，且今人文理粗通少知运笔者即好[1]成文集数卷，究之只堪覆瓿耳，孰过而问焉。若人自成一说家如杂抄随笔之类，或纪一时之异闻，或抒一己之独见，小而技艺之精，大而政治之要，罔不叙述，令观者发其聪明，广其闻见，岂不足传世翼教乎哉。

不佞是杂家而非说家，对于梁君的意见很是赞同，却亦有差异的地方。我不喜掌故，故不叙政治；不信鬼怪，故不纪异闻；不作史论，故不评古人行为得失。馀下来的一件事便是涉猎前人言论，加以辨别，披沙拣金，磨杵成针，虽劳而无功，于世道人心却当有益，亦是值得做的工作。中国民族的思想传统本来并不算坏，他没有宗教的狂信与权威，道儒法三家，只是爱智者之分派，他们的意思我们也都很能了解。道家是消极的彻底，他们世故很深，觉得世事无可为，人生多忧患，便退下来愿以不才终天年，法家则积极的彻底，治天下不难，只消道之以政，齐以刑，就可达到统一的目的。儒家是站在这中间的，陶

【锺校】

① “好”原作“如”。

渊明《饮酒》诗中云：

“汲汲鲁中叟，弥缝使其淳，凤鸟虽不至，礼乐暂得新。”这弥缝二字实在说得极好，别无褒贬的意味，却把孔氏之儒的精神全表白出来了。佛教是外来的，其宗教部分如轮回观念以及玄学部分我都不懂，但其小乘的戒律之精严，菩萨的誓愿之弘大，加到中国思想里来，很有一种补剂的功用。不过后来出了流弊，儒家成了士大夫，专想升官发财，逢君虐民，道家合于方士，去弄烧丹拜斗等勾当，再一转变而道士与和尚均以法事为业，儒生亦信奉《太上感应篇》矣。这样一来，几乎成了一篇糊涂账，后世的许多罪恶差不多都由此支持下来，除了抽雅片这件事在外。这些杂糅的东西一小部分记录在书本子上，大部分都保留在各人的脑袋瓜儿里以及社会百般事物上面，我们对他不能有什么有效的处置，至少也总当想法侦察他一番，分别加以批判。希腊古哲有言曰，要知道你自己。我们凡人虽于爱智之道无能为役，但既幸得生而为人，于此一事总不可不勉耳。

这是一件难事情，我怎么敢来动手呢。当初原是不敢，也就是那么逼成的，好像是“八道行成”里的大子，各处彷徨之后往往走到牛角里去。三十年前不佞好谈文学，仿佛是很懂得文学似的，此外关于有好许多事也都要乱谈，及今思之，腋下汗出。后乃悔悟，详加检讨，凡所不能自信的事不敢再谈，实行孔子不知为不知的教训，文学铺之类遂关门了，但是别的店呢？孔子又云，知之为知之。到底还有什么是知的呢？没有固然也并不妨，不过一样一样的灭掉之后，就是这样的减完了，这在我们凡人大约是不很容易做到的，所以结果总如碟子里留着的末一个点心，让他多少要多留一会儿。我们不能干脆的画一个鸡蛋，满意而去，所以在关了铺门的路旁仍不免要去摆一小摊，算是还有点货色，还在做生意。文学是专门学问，实是不知道，自己所觉得略略知道的只有普通知识，即是中学程度的国文、历史、生理和博物，此外还有数十年中从书本和经历得来的一点知识。这些实在凌乱得很，不新不旧，也新也旧，用一句土话来说，这种知识是叫做“三脚猫”的。三脚猫原是不成气候的东西，在我这里却又正有用处。猫都是四条腿的，有三脚的倒反而希奇了，有如刘海氏的三脚蟾，便有描进画里去的资格了。全旧的只知道过去，将来的人当然是全新的，对于旧的过去或者全然不顾，或者听了一点就大悦，半新半旧的三脚猫却有他的便利，有点像革命运动时代的老新党，他比革命成功后的青年有时更要急进，对于旧势力旧思想很不宽假，因为他更知道这里边的辛苦。我因此觉得也不敢妄[1]自菲薄，自己相信关于这些事情不无一日之长，愿意尽我的力量，有所供献于社会。我不懂文学，但知道文章的好坏，不懂哲学玄学，但知道思想的健全与否。我谈文章，系根据自己写及读国文所得的经验，以文情并茂为贵。谈思想，系根据生物学文化人类学道德史性的心理等的知识，考察儒释道法各家的意思，参酌而定，以情理并合为上。我的理想只是中庸，这似乎是平凡的东西，然而并不一定容易遇见，所以总觉得可称扬的太少，一面固似抱残守缺，一面又像偏[2]喜诃佛骂祖，诚不得已也。不佞盖是少信的人，在现今信仰的时代有点不大抓得住时代，未免不得合式，但因此也正是必要的，语曰，良药苦口利于病，是也。

不佞从前谈文章谓有言志载道两派，而以言志为是。或疑诗言志，文以载道，二者本以诗文分，我所说有点缠夹，又或疑志与道并无若何殊异，今我又屡

【锺校】

① 原无“妄”字，今增。

② “偏”原作“编”。

言文之有益于世道人心，似乎这里的纠纷更是明白了。这所疑的固然是事出有因，可是说清楚了当然是查无实据。我当时用这两个名称的时候的确有一种主观，不曾说得明了，我的意思以为言志是代表《诗经》的，这所谓志即是诗人各自的情感，而载道是代表唐宋文的，这所谓道乃是八大家共通的教义，所以二者是绝不相同的。现在如觉得有点缠夹，不妨加以说明云：凡载自己之道者即是言志，言他人之志者亦是载道。我写文章无论外行人看去如何幽默不正经，都自有我的道在里边，不过言道并无祖师，没有正统，不会吃人，只是若大路然，可以走，而不走也由你的。我不懂得为艺术的艺术，原来是不轻看功利的，虽然我也喜欢明其道不计其功的话，不过讲到底这道还就是一条路，总要是可以走的才行。于世道人心有益，自然是件好事，我哪里有反对的道理，只恐怕世间的是非未必尽与我相同，如果所说发其聪明，广其闻见，原是不错，但若必以江希张为传世而叶德辉为翼教，则非不佞之所知矣。

一个人生下到世间来不知道是偶然的还是必然的，但是无论如何，在生下来以后那总是必然的了。凡是中国人不管先天后天上有何差别，反正在这民族的大范围内没法跳得出，固然不必怨艾，也并无可骄夸，还须得清醒切实的做下去。国家有许多事我们固然不会也实在是管不着，那么至少关于我们的思想文章的传统可以稍加注意，说不上研究，就是辨别批评一下也好，这不但是对于后人的义务也是自己所有的权利，盖我们生在此地此时实是一种难得的机会，自有其特殊的便宜，虽然自然也就有其损失，我们不可不善自利用，庶不至虚负此生，亦并对得起祖宗与子孙也。语曰，秀才人情纸一张。又曰，千里送鹅毛，物轻情意重。如有力量，立功固所愿，但现在所能止此，只好送一张纸，大家莫[①]嫌微薄，自己却也在警戒，所写不要变成一篇寿文之流才好耳。

（廿六年四月廿四日，在北京书）

【锺校】

①“莫”原作“算”。

《南堂诗抄》

偶然得到两本清初的诗集。我说偶然，因为诗我是不大懂的，平常诗集除了搜集同乡著作之外就不买，所以这两本的确可以说是偶然得来的，虽然亦自各有其因缘。其一是吴景旭的《南山堂自订诗》四卷。吴景旭字旦生，著有《历代诗话》八十卷，刻入嘉业堂的《吴兴先哲遗书》中，是我所喜欢的一种书，这回看见他的诗也想拿来一读。书无序跋，目录也撕去了一半，疑心他不全，查诗话刘承干跋只云"有南山自订诗"，也不说卷数，到后来拆开重订，乃见后书面的里边有字两行，左云：

《南山堂自订诗》，下册七卷至十卷佚阙。

右云：

旦生公遗著，裔孙永敬识。

盖估人作弊，将书面反折改装，假充完全，却不知即使是残本不佞也会要也。但此册实止四卷，或者下册当是五至十，亦未可知。集中所收诗自顺治己丑至康熙甲辰，凡十六年，卷四有五十二偶作，时为壬寅，案当生于明万历三十九年辛亥，刘跋亦称其为明诸生，其诗却极少遗老气，辛丑有《喜光儿得赐探花》一诗可知，唯时有放恣或平易处亦觉得可喜。卷一《罱泥行》上半云：

一溪小雨直如发，尖头艓子长竿揭，凭将两腕翕复张，形模蛤蚧相箝镊。载归取次壅桑间，平铺滑汰孩子跌。

卷三有诗题云："己亥闻警，雉堞下令荷戈戍城上，家贫无兵械，因销一斸花小锄为刃，作长句伤之。"诗并不佳，故不录，但只此一题也就够有意思了。

其二是方贞观的《南堂诗抄》六卷。这诗集是全的，前有李可淳序，又乾隆戊午汪廷璋序，盖即是刻书的那一年。方贞观是方苞的从弟，方苞的诗极恶劣，谢枚如在《赌棋山庄笔记》中曾大加以贬斥，贞观所作却大不相同，如李序所说，宛转沉痛，言短意长，及后更益造平淡近自然。各卷卷首皆题《方贞观诗集》，唯卷三则曰《方贞观卷葹集》，有小引云：

癸巳之岁，建亥之月，奉诏隶归旗籍。官牒

夕至，行人朝发，仓卒北向，吏役驱逐，转徙流离，别入版[1]籍。瞻望乡国，莫知所处，先陇弃遗，亲知永隔，行动羁馽，存没异乡。呜[2]呼哀哉，岂复有言。而景物关会，时序往复，每不能自已，始乎去国，迄于京华，其呜咽不成声者去之，存若干首，命曰卷葹集，庾信所谓其心实伤者也。后之君子尚其读而悲之。康熙五十八年四月望，贞观记。

案《方望溪集》后附苏惇元编年谱，在雍正元年癸卯条下有记事云：

先是《滇游纪闻》案，先生近支族人皆隶汉军，至是肆赦，上曰，朕以方苞故赦其合族，苞功德不细。

自癸巳至癸卯，贞观盖隶旗籍者满十年，《卷葹集》一卷即此十年中所作，所云宛转沉痛的诗多在此中，殆哀而至于伤矣。这是我们说他哀伤，若是从上头说来何尝不是怨怼，那么就情罪甚重了。如卷三第一首《别故山》有云：

衰门自多故，怀璧究何人。

【锺校】

①“版”原作“板”。

②“呜”原作“鸣”。下一处同。

《出宗阳》云：

生逢击壤世，不得守耕桑。

《泊牛渚》云：

生男愿有室，生女愿有家。

缅彼尧舜心，岂曰此念奢。

我亦忝蒸黎，何至成浮槎。

《欲暮》云：

岂有声名如郭解，自知肥白愧张苍。

《望见京城》云：

独有覆盆盆下客，无缘举目见青天。

《寄家书》云：

馀生不作大刀梦，到死难明破镜由。

但是最重要的还应该举出那第三首《登舟感怀》来，其词云：

山林食人有豺虎，江湖射影多含沙，

未闻十年不出户，咄嗟腐蠹成修蛇。

吾宗秉道十七世，雕虫奚足矜搜爬，

岂知道旁自得罪，城门殃火来无涯。

破巢自昔少完卵，焚林岂辨根与芽。

举族驱作北飞鸟，弃捐陇墓如浮苴，

日暮登舟别亲故，长风飒飒吹芦花。

语音渐异故乡远，回头止见江天霞，

呜呼赋命合漂泊，磐砧变化成虚槎。
杀身只在南山豆，伏机顷刻铏坑瓜，
古今祸福非意料，文网何须说永嘉。
君不见乌衣巷里屠沽宅，原是当时王谢家。

查《四库全书总目提要》卷一八二《秋笳集》下批语有云：“特其自知罪重谴轻，甘心窜谪，但有悲苦之音，而绝无怨怼君上之意，犹为可谅。”今贞观诗怨甚矣，不但坚称冤枉，以杨恽自拟，还拿了秦始皇坑儒来比，岂不是肆口诽谤乎。我取出《禁书总目》来一查，“我找着了！”《南堂诗抄》的的确确收在里边。我很高兴我的眼力不差，假如去做一名检查官大可胜任愉快也。

卷六有一篇诗题云，“乾隆戊午冬中三日，余马齿六十矣”，可以知道方贞观是于康熙十八年己未，三十五岁隶旗籍，四十五岁放免，五十八岁被征博学鸿词，谢老病不赴。关于这件事有一首妙诗，题云，“部牒复至，备见敦迫，终不能赴，再寄孙公”：

缥币与安车，吾闻其语矣。
书传半真伪，窃恐未必尔。
今者符檄来，汹汹吏如鬼。
幸不见执缚，几为敦迫死。
家无应门童，我病杖乃起。

老妇惊踰垣，问祸来所以。

敢希稽古荣，奚至捕盗比。

寄言谢故人，铭心佩知己。

世不乏应刘，樗栎何足齿。

偃蹇负弓旌，免蹈虚声耻。

这里有意思的事，第一是博学鸿词敦迫的情形，大有锁拿沈石田的样子，其次是方君仍旧的那样大不敬，他描写吏如鬼之汹汹，还说窃恐未必尔的古代安车之类，真可以说幽默得很。卷一《乡大水》一篇末云：

官家积谷如山丘，立法本为苍生谋。

便宜行事汲都尉，流亡愧俸韦苏州。

古来书传半真伪，两人未识诚有否。

杀人不问梃刃政，屠伯何须在录囚。

这书传半真伪的话，可见早见用了，虽然是苏东坡恐本无扬雄的故典之转化，却用得很有力量。同一篇中又有云：

小民赋命本饿殍，熟也不活奚灾伤。

这也比孟子的乐岁终身苦的话更说得辛辣，其区别盖因一是正言而一是逆说，此正是幽默之力也。方君少年时盖颇有许行之徒的倾向，其《耕织词》云：

贫女不上机，宫中皆草衣。
农夫不耕田，侯王都饿死。
鸡鸣向田间，采桑朝露新，
望望红日高，照见晏眠人。

又《题古战场图》云：

岂不畏锋镝，将军骄欲行。
威尊身命贱，法重生死轻。
力尽□偏狡，天寒虏益横。
谁非人子骨，千载[1]暴边城。

第五句第三字原缺，或者是胡字吧？即此诸诗可以见作者思想之一斑，在清朝桐城派虽有名，不佞以为方氏之荣誉当不在苞而在贞观耳。

诗我都不大懂，上边所谈只是就诗中所有的意思，随意臧否，也不敢自以为是，并不真是谈诗。或恐有朋友疑心我谈诗破例，顺便声明一句。

（廿六年四月廿七日，在北平苦住庵记）

【补记】《南山堂自订诗》十卷，嘉业堂有新刻本，末有癸亥刘承干跋，中有云，自卷一至卷五为其裔孙

【锺校】

①“载”原作“戴”。

渔川观察所藏弆，以畀[①]余，惜已佚半，嗣留心访求，竟获卷六至卷十，遂为完璧。渔川即吴永，然则我所得残书即是其底本，但不知何以又流落在旧书摊头耳。近年又得全书一部，卷首有朱文长方印曰，闽戴成芬芷农图籍，内容与刘刻本悉相同，唯原本有目录三十一页，而刘刻略去，改为总目一页，未免少欠忠实。

（民国癸未冬日编校时记）

【锺校】

①“畀”原作“界”。

《东莱左氏博议》

近来买到一部书，并不是什么珍本，也不是小品文集，乃是很普通很正经，在我看来是极有意义的书。这只是四册《东莱左氏博议》，却是道光己亥春钱塘[①]瞿氏清吟阁重雕足本，向来坊刻只十二卷八十六篇，这里有百六十篇，凡二十五卷。《东莱博议》在宋时为经生家揣摩之本，流行甚广，我们小时候也还读过，作为做论的课本，今日重见，如与旧友相晤，亦是一种喜悦，何况足本更觉得有意思，但是所谓有意义则别有在也。

《东莱左氏博议》虽然“四库书目”列在“经部春秋类二”，其实与经学不相干，正如东莱自序所说，乃是诸生课试之作也。瞿世瑛道光戊戌年跋文云：

古之世无所谓时文者。自隋始以文辞试士，

【锺校】

①“钱塘”原作“唐钱”。

唐以诗赋，宋以论策，时文之号于是起。而古者立言必务道其所心得，即言有醇有驳，无不本于其中心之诚然，而不肯苟以炫世夸俗[①]之意，亦于是尽亡矣。盖所谓时文者，至宋南渡后创制之经义，其法视诗赋论策为胜，故承用最久，而要其所以名经义者，非诚欲说经，亦姑妄为说焉以取所求耳。故其为文不必果得于经所以云之意，而又不肯自认以为不知，必率其私臆，凿空附会，粉饰非者以为是，周内是者以为非，有司者亦不谂其所知之在于此，而姑命以在彼之所不知，于是微言奥旨不能宿通素悉于经之内，而枝辞赘喻则可暂假猝辨于经之外，徒恃所操之机熟，所积之理多，随所命而强赴之，亦莫不斐然可观，以取盈篇幅，以侥幸得当于有司之目。噫，不求得于心则立言之意亡，不求通于经则说经之名戾，时文之蔽类然已。《东莱左氏博议》虽作于其平居暇日，苟以徇诸生之请，然既以资课试为心，故亦不免乎此蔽，其所是非大抵出于方执笔时偶然之见，非必确有所低昂轩轾于其间，及其含意联词，不得不比合义类，引众理以

【蒋校】

① 原无“俗”字，今增。

壮其文，而学者遂见以谓定论而不可夺，不知苟欲反其所非以为是，易其所是以为非，亦必有众理从而附会之，而浅见者亦将骇诧之以为定论矣。

关于经义的变迁，吾乡茹敦和著《周易小义》序中说的很简明，今抄引于下：

> 经义者本古科举之文，其来旧矣。至宋王安石作《三经新义》，用以取士，命其子雱及吕惠卿[1]等著为式颁之，此一变也。元延祐中定科举式，以《论语》《孟子》《大学》《中庸》为书，以《易》《诗》《书》《礼记》《春秋》经文为五经，别之为书义经义，又于破题承题之外增官题原题大讲大结等名，此再变也。明成化中又尽易散体为排偶，束之为八比，此三变也。至嘉隆以后于所谓八比之中稍恢大焉，渐至排中有排，偶中有偶，乃于古今文体中自成一体，然义之名卒不改。

我们从这里可以知道两件事实。其一是八股文原是说经的经义，只是形式上化散为排，配作四对而已。其二是《东莱博议》原是春秋类的经义，不过因

【锺校】

[1]“卿”原作“乡”。

为《春秋》是记载史事的书，所以博议成为一种应试体的史论。这两件事看似平常，其实却很重大，即是上边所说的有意义。

我们[①]平常骂八股文，大有天下之恶皆归焉之概，实在这是有点儿冤枉的，至少也总是稍欠公平吧。八股文诚然是不行，如徐大椿的《时文叹》所说：

> 三句承题，两句破题，摆尾摇头，便是圣门高弟。可知道三通四史是何等文章，汉祖唐宗是那朝皇帝。案头放高头讲章，店里买新科利器。读得来肩背高低，口角嘘唏，甘蔗渣儿嚼了又嚼，有何滋味。辜负光阴，白白昏迷一世。

又如[②]我的《论八股文》中讲到中国的奴隶性的地方有云：

> 几千年来的专制养成很顽钝的服从与模仿根性，结果是弄得自己没有思想，没有话说，非等候上头的吩咐不能有所行动，这是一般的现象，而八股文就是这个现象的代表。

不过我们要知道八股乃是应试的经义而用排偶的，因为应试所以遵守功令说应有尽有的话，是经义

【锺校】

①“我们”上原衍“论”字，已删。

②“如”原作“为”。

所以优孟衣冠似的代圣人立言，又因为用排偶，所以填谱按拍那样的做，却也正以此不大容易做得好，至今体魄一死，唯馀精魂，虽然还在出现作祟，而躯壳败坏之后已返生无术矣。《博议》一类论事的文章在经义渐渐排偶化的时候分了出来，自成一种东西，与经义以外的史论相混，他的寿命比八股更长，其毒害亦更甚，有许多我们骂八股文的话实在都应该算在他的账上才对。平常考试总是重在所谓书义，狭义的经义既比较不重要，而且试文排偶化了，规矩益加繁琐，就是做《春秋》题也只有一定的说法，不能随意议论，便索性在这边停止活动，再向别方向去发展，于是归入史论一路去，因为不负责任的发议论是文人所喜欢的事，而宋人似乎也特别有这嗜好。冯班《钝吟杂录》卷一《家戒》上云：

士人读书学古，不免要作文字，切忌勿作论。成败得失，古人自有成论，假令有所不合，阙之可也。古人远矣，目前之事犹有不审，况在百世之下而欲悬言其是非乎。宋人多不审细止，如苏子由论蜀先主云，据蜀非地也，用孔明非将也。考昭烈生平未尝用孔明为将，不据[1]蜀便无

【锺校】

① 此处原衍一“据”字，已删。

地可措足，此论直是不读《三国志》。宋人议论多如此，不可学他。

又卷八《遗言》有云："宋人说话只要说得爽快，都不料前后。"徐时栋《烟屿楼读书志》卷十六《宋文鉴》之十云："宋儒论古人多好为迂刻之言，如苏辙之论光武昭烈，曾巩之论汉文，秦观之论石庆，张耒之论邴吉，多非平情。孔子曰，尔责于人终无已时。大抵皆坐此病。"又蒋超伯《南漘楛语》卷四云："痰字从无入诗文者，朱直《史论初集》诋胡致堂云：双目如瞽，满腹皆痰。鄙俚极矣，不可为训。"蒋氏原意在于论痰字，又朱有的议论或者也未必高明，反正这种东西是没法作得好的，但总之批评胡致堂的话是很对，而且也可以移作许多史论的评语。史论本来容易为迂刻之言，再加上应试经义的参和[1]，更弄得要不得了，我说比八股文还有害的就是这个物事。盖最初不过是双目如瞽，满腹皆痰，实为天分所限，随口乱说，还是情有可原，应试体的史论乃是舞文弄墨，颠倒黑白，毫无诚意，只图入试官之目，或中看官之意，博得名利而已。此种技俩在瞿君的跋文中说得非常透彻，无以复加，我们可以不必再来辞

【锺校】

①"和"原作"知"。

费，现在只想结束一句道：八股文死矣，与八股文同出于经义的史论则尚活①着，此即清末的策论，民国以来的各种②文字是也。

去年我写过一篇小文，说明洋八股即是策论，曾经有这几句话：

> 同是功令文章，但做八股文使人庸腐，做策论则使人谬妄，其一重在模拟服从，其一则重在胡说乱道也。专做八股文的结果只学会按谱填词，应拍起舞，里边全没有思想，其做八股文而能胡说乱道者，仍靠兼做策论之力也。

这个意思我觉得是对的，关于八股文的话与徐灵胎相合，关于策论则③与冯钝吟等人相合，古人所说正可与我互作注脚也。

小时候在家读坊刻《东莱博议》，忽忽三十馀年，及今重阅，已不记那几篇读过与否，唯第一篇论郑庄公共叔段，《左传》本文原在卷首，又因金圣叹④批点过，特别记得清楚，《博议》文亦尚多记得。如起首一节云：

【锺校】

①“活”原作“话”。

②“种”原作“程”。

③“则”原作“别”。

④ 原无“叹”字，今增。

钓者负鱼，鱼何负于钓？猎者负兽，兽何负[1]于猎？庄公负叔段，叔段何负于庄公？且为钩饵以诱鱼者钓也，为陷阱以诱兽者猎也，不责钓者而责鱼之吞饵，不责猎者而责兽之投阱，天下宁有是耶？

又结末云：

本欲陷人而卒自陷，是钓者之自吞钩饵，猎者之自投陷阱也，非天下之至拙者讵至此[2]乎？故吾始以庄公为[3]天下之至险，终以庄公为天下之至拙。

读下去都很面善，因为这篇差不多是代表作，大家无有不读的，而且念起来不但声调颇好，也有气势，意思深刻，文字流畅，的确是很漂亮的论，有志写汉高祖或其他的论文的人哪能不奉为圭臬呢。但细看一下，也不必用什么新的眼光，便[4]觉得这确是小试利器，甜熟，浅薄，伶俐，苛刻，好坏都就在这里，当作文章看却是没有希望的，因为这只是一个秀

【锺校】

① 原无“负”字，今增。
② “此”原作“非”。
③ 原无“为”字，今增。
④ “便”原作“这”。

才胚子，他的本领只有去做颂圣诗文或写状子而已。只可惜潜势力太大，至今还有多数的人逃不出他的支配，不论写古文白话都是如此，只要稍为留心，便可随时随地看出新策论来。在这时候如要参考资料以备印证，《东莱博议》自然是最好的，其次才是《古文观止》。试帖诗与八股文不会复活的了，这很可以乐观，策论或史论就实在没有办法，土八股之后有洋八股或者还有什么别的八股出来，我相信一定都是这东西的变种，盖其本根深矣。

我写这篇小文，并不是想对于世道人心有什么裨益，吾力之为微正如帝力之大①，如孟德斯鸠所说，实在我是一点没有办法。傅青主《书成弘文后》云："仔细想来，便此技到绝顶，要他何用？文事武备，暗暗底吃了他没影子亏。要将此事算接孔孟之派，真恶心杀，真恶心杀。"我也只是说恶心而已。

（二十六年六月七日，于北平苦住庵）

【锺校】

①"吾力之为微正如帝力之大"，原作"吾力之微正如帝力之为大"。

贺贻孙论《诗》

谢枚如著《课馀偶录》卷一有一则云：

永新贺子翼贻孙先生著述颇富，予客江右尝借读其全书，抄存其《激书》十数篇收之箧衍。其《水田居文集》凡五卷，议论笔力不亚魏叔子，且时世相及，而名不甚显，集亦不甚行，殆为易堂诸子所掩耳，要为桑海中一作手，非王于一陈士业辈所能比肩也。有云：遵时养晦[①]，藏用于正人无用之时，著书立说，多事于帖括无事之日（答李谦庵书）。贫能炼骨，骨坚则境不摇，彼无骨者必不能不逢迎纷纭，无怪其居心不静也。无骨之人，富贵尤能乱志，贫贱更难自持（复周畴五书）。有意为闲，其人必忙，有意为韵，其人必村，此不待较量而知也（书补松诗

【锺校】

①“遵时养晦”原作“遵养时晦”。

后）。安贫嗜古之意溢于言下，可以觇其所养矣。

《四库全书总目》一八一“别集类存目八”著录文集五卷，评云：

> 所作皆跌宕自喜，其与艾千子书云，文章贵有妙悟，而能悟者必于古人文集之外别有自得，虽针砭东乡之言，而贻孙所以自命者亦大略可见，特一气挥写过于雄快，亦不免于太尽之患也。

又一二五“杂家类存目二”著录《激书》无卷数，评云：

> 所述皆愤世嫉俗之谈，多证以近事，或举古事，易其姓名，借以立议，若《太平广记》“贵公子炼炭”之类，或因古语而推阐之，如“苏轼书曹孟德”之类。其文称心而谈，有纵横曼衍之意，而句或伤于冗赘，字或伤于纤丽，盖学《庄子》而不成者，其大旨则黄老家言也。

《四库提要》对于非正宗的思想文章向来是很嫉视的，这里所说还算有点好意。平景孙著《国朝文薮[1]》题辞卷一中也有一则是讲《水田居文集》的，并说及《激书》，文云：

【锺校】

①“薮”原作“榔”。

子翼少工时文，与茂先、巨源、石庄诸公齐名，举崇祯丙子副贡生，入国朝隐居不出，顺治丁酉巡按笪江上欲以布衣荐，遂改僧服。据叶擎霄《激书》序，似卒于康熙丙子，年九十一矣。文笔奔放，近苏文忠，集中史论最多，其[1]文意制峭诡，有似柳州、可之、复愚者。《激书》二卷，包慎伯最爱之，谓近《韩非》《吕览》，而世少知者。盖嘉庆中骈体盛而散文衰，桐城派尤易袭取，慎伯与完庵、厚堂、默深、子潇诸子出，以丙部起文集之衰，故有取于是。其风实自阳湖恽李二氏昉，于是古文复盛，至于今不衰。

看了这些批评我就想找《水田居集》来一读，可是诗文集未能买到，只搜得其他五种，即《激书》二卷，《易解》七卷，《诗解》六卷，《骚筏》一卷，《诗筏》一卷，《易经》我所不懂，《诗经》颇有说得好的地方。《四库书目》十七“诗类存目一”著录《诗解》，评有云：

每篇先列小序，次释名物，次发挥诗意，主孟子以意逆志之说，每曲求言外之旨，故颇胜诸儒之拘腐，而其所从入乃在钟惺诗评，故亦往往

【锺校】

①“其”原作“他”。

以后人诗法诂先圣之经，不免失之佻巧，所谓楚既失之齐亦未为得也。盖迂儒解诗患其视与后世之诗太远，贻孙解诗又患其视与后世之诗太近耳。

其实据我看来这正是贺君的好处，能够把《诗经》当作文艺看，开后世读诗的正当门径。此风盖始于钟伯敬，历戴仲甫、万茂先、贺子翼，清朝有姚首源、牛空山、郝兰皋以及陈舜百，此派虽被视为旁门外道，究竟还不落莫。《四库书目》中评万氏《诗经偶笺》云：

其自序有曰，今之君子知《诗》之为经，而不知《诗》之为诗，一蔽也，云云。盖钟惺谭元春诗派盛于明末，流弊所及乃至以其法解经，《诗归》之贻害于学者可谓酷矣。

我想这正该反过来说，《诗归》即使在别方面多缺点，其以诗法读经这一点总是不错的，而且有益于学者亦正以此，所可惜者现今绍述无人，新文艺讲了二十年，还没有一部用新眼光解说的《诗经》，此真公安竟陵派不如矣。我们不必一定去爱古人；但有时难免有薄今人之意耳。

贺君说《诗》仍从序说，虽然只取古序发端一语，以为此外皆汉儒续增不尽足据，其解释《诗》旨难得有新意思也是当然的，唯关于诗词颇多妙语，如《卫风》“氓之蚩蚩”一诗，仍遵序云刺时也，解有云：

> 此篇与《谷风》篇才情悉敌，但《谷风》词正，此诗词曲，《谷风》怨而婉，此诗恧而婉，其旨微异耳。且其列叙事情，如首章幽约，次章私奔，三章自叹，四章被斥，五章反目，六章悲往，明是一本分出传奇，曲白关目悉备，如此丑事却费风人竭力描写，色色逼真，所谓化工，非画工也。今或从注说，谓必淫妇人自作乃能委悉如此，不知今古弃妇吟经曹子建辈锦心绣肠从旁揣摩，比妇人声口尤为酸楚，况抱布贸丝车来贿迁，分明是出像《会真记》，岂有妇人自供之理。
>
> 钟伯敬曰，子无良媒，谑之也，奔岂有媒乎。将子无怒，秋以为期，亦谑之也，盖贸丝春时事也，此时已许之矣，故又谑之。古今男女狎昵，情词不甚相达，但口齿蕴藉，后人不解，遂认真耳。

这里所说道理似均极平常，却说得多么好，显得气象平易阔宽，我们如不想听深奥的文艺批评，只要找个有经验人略给指点，待我自己去领解，则此类解[①]说当最为有益了。《诗筏》一卷凡二百则，亦即

【锺校】

①“解”原作“的”。

以此气象来谈古诗，自《十九首》以至明末。其自序云：

二十年前与友人论诗，退而书之，以为如涉之用筏也，故名曰《诗筏》。今取视之，几不知为谁人之语，盖予既已舍之矣。予既舍之，而欲人之用之，可乎？虽然，予固望人之舍也，苟能舍之，斯能用之矣。深则厉，浅则揭，奚以筏为？河桥之鹊，渡则去焉，葛陂之龙，济则掷之，又奚以筏为？君其涉于江而浮于海，望之而不见所极，送君者自涯而返，君自此远矣。是为用筏耶，为舍筏耶，为不用之用不舍之舍耶？夫苟如是而后吾书可传也，亦可烧也。

卷中佳篇甚多，意见通达，倾向公安竟陵而能不偏执，极为难得。略举其数则如云：

不为应酬而作则神清，不为谄渎而作则品贵，不为迫胁而作则气沉。

此虽似老生常谈，古今文人却没有几个人担当得起，上二是富贵不能淫，还有许多人做得到，下一是威武不能屈，便不大容易，况威武并不限于王难耶。又云：

公宴诗在酒肉场中露出酸馅本色，寒士得贵游残杯冷炙，感恩至此，殊为可笑，而满篇搬数他人富贵，尤见俗态。惟曹子建自露家风，而应玚侍建章集诗末语不忘儆戒，颇为得体耳。大抵建安诸子稍有才调全无骨力，岂文举正平见杀后，文人垂首丧气，遂软媚取容至此，伤哉。

《巷伯》之卒章曰，寺人孟子，作为此诗。《节南山》之卒章曰，家父作诵，以究王讻。是刺人者不讳其名也。《烝民①》之卒章曰，吉甫作诵，穆如②清风。《崧高③》之卒章曰，吉甫作诵，其诗孔硕。是美人者不讳其名也。三代之民直道而行，毁不避怒，誉不求喜，今则为匿名谣帖，连名德政碑矣。偶触褊心则丑语丛生，唯恐其知，忽焉摇尾则谀词泉涌，唯恐其不知也。至于赠答应酬，无非溢词，庆问通贽，皆陈颂语，人心如此，安得有诗乎！

此后举储光羲《张谷田舍诗》杜子美《遭田父泥饮美严中丞》诗二篇为例，以为唐人为之尚能自占地步，若在今人不知如何丑态矣，文繁不能备引。又

【锺校】

①“烝民”原作“崧高”。

②“如”原作“为”。

③“崧高”原作“烝民”。

有云：

凡诗可盗者，非盗者之罪而诲盗者之罪。若彭泽诗诸葛出师文，宁可盗乎？李杜韩欧集中亦难作贼，间有盗者，雅俗杂出，如茅屋补以铜雀瓦，破衲缀以葡萄锦，赃物现露易于捉败。先明七才子诸集，递相剽劫，乃盗窝耳。

徐文长七言古有李贺遗风，七言律虽近晚唐，然其佳者升少陵子瞻之堂，往往自露本色，唯五言律味短，而五言古欠蕴藉，集中诙语俊语学之每能误人，此其所病，然嘉隆间诗人毕竟推为独步。近日持论者贬剥文长几无馀地，盖薄其为诸生耳。谚云，进士好吟诗，信哉。

少陵不喜渊明诗，永叔不喜少陵诗，虽非定评，亦足见古人心眼各异，虽前辈大家不能强其所不好。贬己徇人，不顾所安，古人不为也。

近日吴中山歌挂枝[1]儿语近风谣，无理有情，为近日真诗一线所存。如汉古诗云：客从北方来，欲到到交趾，远行无他货，惟有凤凰子。句似迂鄙，想极荒唐，而一种真朴之气，有张蔡诸

【锺校】

① “枝”原作“技”。

人所不能道者。晋宋间[①]子夜曲及清商曲亦尔，安知[②]歌谣中遂无佳诗乎。每欲取吴讴入情者汇为风雅别调，想知诗者不为河汉也。

这几节我觉得都很好，有他自己的见识与性情，虽本是诗话而实是随笔，并不讲某侍御某大令的履历，选录几首样本的诗，却只是就古今现成的资料来发展他的感想，这里自然以关于诗的为限，实在可以看出他对于生活的许多意思，这我以为是最有趣味的事。大约因为他是接近公安竟陵派的缘故吧，他关于山歌也有高明的意见，大有编选吴歌集之意，只可惜没有实行，这个光荣却给龙子犹得了去了。这一点长处，大约比较的顶容易为看官所承认，其馀的难免心眼有异，恐怕会被人看作偏激，不合潮流亦未可知，不过在我个人总以为然，觉得《诗筏》这一卷书是很值得破费工夫去一读的。《骚筏》我也喜欢，现在却不想谈，因为《楚辞》我实在有点生疏，将来还得好好的读了再来看这部书，那时才会得有话可说。

《激书》我读过几篇，这是该属于丙部而且又是杂学类的，长篇大论这一路文章我不大喜欢，总觉得

【锺校】

① 此处原衍“读”字，已删。

② “知”原作“和”。

难免文胜于物，弄得不好近于八大家，好也可以近《庄子》吧，可是谁都没有这把握。《激书》里有些意思与部分的文章却也有好的，如《四库提要》所说的证以近事，或举古事易其姓名这一类，看了很好玩。《酌取》篇中维扬巨贾公子炊饭必用炼炭，本《太平广记》，已见《提要》。又《疑阳》篇叙贵[1]州少年入鬼国，被鬼巫用“送夜头”法送之登舟，原注亦云见《广记》中。《求己》篇述其友龙仲房访求王雪湖梅谱，乃得画眉之李四娘与话媒之官媒李娘，盖用近事而文甚诙谐。又《失我》篇引二事，其出典当在《笑府》中欤：

献贼掠禾阳时，禾阳之张翁假僧衲笠与之同匿。须臾贼至，踉跄相失，疾呼僧不应，翁哭以为僧遇贼死矣。忽自视其衲笠皆僧物也，复大哭曰，僧则在是矣，我安在哉？

楚湘有竖善睡，其母命之登棚守瓜。盗夜尽窃其瓜，竖睡正酣，盗戏为竖剃发舁入僧寺。凌晨母见瓜竖皆失，踪迹至寺，竖尚鼾呼如雷，母怒痛挞之至醒。忽自寻其首无发，诉曰，失瓜者乃寺内沙弥，非我也。

【锺校】

①“贵”原作“责”。

这种作法，说得古可以上接孟子舆的月[1]攘一鸡，说得今也就是张宗子的《夜航船》里和尚伸伸脚之类，要恭维或骂倒任凭自由，都有充足的口实可找，不佞别无所容心，但自己则颇喜此体，惜终是写得不能好耳。讲到意思，也有觉得可取的，如《汰甚》一篇，梅道人评云：

> 天崇间举朝惯使满帆风，只图一时之快，遂受无穷之伤。贺子尝抱漆室之忧，故其文痛快如此，今读之犹追想其拊膺提笔时也。

文中主意不过是不为已甚，其言曰：

> 善治天下者无取乎有快心之事也，快心之事生而伤心之事起矣。

此意亦自平常，但绝不易实行，况在天崇间乎，言者之心甚深又甚苦，然而毫无用处，则又是必然也。

二十世纪的人听到天崇间事不禁瞿然，不知为何。陈言更复何用，徒乱人意，故可不必再引，不佞今日所谈似可始终以诗为限，故遂题曰“贺贻孙论诗”云。

（廿六年六月二十一日，于北平记）

【锺校】

①“月”原作“日”。

【附记】 见书目有“吴兴丛书”本《诗筏》一册，吴大受著[1]，以为偶同书名耳，今日有书贾携来，便一翻阅，则内容全同，不禁哑然。查卷末附传，大受为吴景旭曾孙，卒于乾隆十八年，年六十九，计当生于康熙二十四年。《诗筏》中云，“余于兵燹后借得唐人残编一帙，其中可笑诗甚多”，当然系指甲申后事，非吴氏所及见。又末一则云：“以此二诗糊名邮送万茂先，定其甲乙。”案万茂先著《诗经偶笺》在崇祯癸酉，尚在吴氏诞生前五十二年，二人恐无相见的可能。况贺氏《诗筏》固自存在，不知何以错误。刘刊本卷首题吴大受删订，或者原来只是抄录贺书（却亦并未有删订，但缺一小引耳）。后人不察以为即其所著，也未可料。名字虽然错乱，但《诗筏》有了新刻本，于读者不无便利，只须知道这是水田居而非南山堂就好了。

（七月十六日记于北平之苦住庵）

【锺校】

①“著”原作“着”。下一处同。

《水田居存诗》

贺贻孙《水田居存诗》三卷，凡诗七百首，词四十四首，其友人李陈玉所选，有序，即梅道人也，卷首题同治庚午年新镌，似以前并未有刊本。卷二七律二首，题曰“戊戌僧装诗”，注云，“有序未录”。平景孙《国朝文薮》题辞卷一《水田居文集》项下云：

顺治丁酉巡按笪江上欲以布衣荐，遂改僧服。

诗序即说此事，惜不传。《僧装诗》第一首中一联云：

问猎应高灵隐坐，谈诗又喜浙江潮。

用骆宾王事。第二首中云：

佛汗几回增涕泣，经声一半是离骚。

洛阳平等寺佛汗雨兆尔朱之祸，盖不仅寻常离乱之感。这里令人想起同时的陈章侯来。《宝纶堂集》中有五古一首，题曰：

丙戌夏悔逃命山谷多猿鸟处，便剃发披缁，

岂能为僧，借僧活命而已。闻我予安道兄能为僧于秀峰猿鸟路穷处，寻之不可得，丁亥见于商道安珠园，书以识怀。

情事相似，唯早十二年而已。毛西河有报周栎园书，述章侯遗事，有云：

又一诗期以某时过敝里，而以年暮故畏死先期来，其中云，老迟五十二年人。老迟者以甲申后更其名悔迟，故称老迟，非老莲之误也。

沈西雍《匏庐诗话》卷中乃有一则云：

唐刘驾弃妇词云，昨日惜红颜，今日畏老迟。老迟云者，谓垂老而迟暮也，陈章侯自号老迟，当取诸此。

此说未妥，悔迟乃明遗民的口气，与迟暮意不同，盖陈章侯贺子翼方密之屈翁山等人的出家都是同一的意思，章侯序中所谓岂能为僧借僧活命而已也。

《水田居诗》卷二又有七律十二首存八，题曰《戏和梅道人歌馆惜艳诗》，有序云：

艳思已枯，绮语长断，然陶赋闲情，何损白璧，宋说好色，乃见微词。金陵婉娘歌馆翘盼，以身奉人，道人惜之，偶尔赋赠，寄托规讽，别有指陈，索余次韵，遂尔效颦。言外索之，方知道人与余所咏者实非妇人也。

题序殊佳，唯不知此辈为何如人，岂亦牧斋梅村之流亚欤。诗亦有妙句，如云：“每恨情多到妾少，翻因夜短梦君长。”“偷筹有意嗔宜怒，掩袖无声笑近俳。”“单思一枕游仙梦，许嫁千番捣鬼词。”原注云：捣鬼谓诳词，单思谓痴想，皆娼家方语。案《开卷一笑》卷二有《金陵六院市语》一篇，此注可为补遗也。诸诗妙在只是歌馆惜艳，仿佛所咏者实只是妇人，别有讽刺的地方不大明了，我想这或者正是诗人用意处，盖惜妇人入歌馆原来只是贼出关门，若在其前还有点希望，以后就只好描写以身奉人的境况，说以寄规讽可，说以寄惆怅更可也。对于非妇人的委身歌馆也只同样的措词，不更作严刻的谴责，岂必由于诗人之温柔敦厚，殆亦以此为最好的作法耳。

卷三中有《村谣》，三十二首存二十八，写民间疾苦，别出一种手法。有序云：“赤魃方殷，白额尤横，僻邑小民，何辜于天。不可咏也，伊可怀也。”陈章侯有《避乱诗》一百五十三首，其《作饭行》自叙有云：

山中日波波三顿，鬻图画之指腕为痛焉，儿子犹悲思一顿饭，悲声时出户庭，予闻之凄然若为不闻也者。商䌹思闻之以米见饷，此毋望之福也，犹不与儿子共享毋望之福哉，乃作一顿饭，儿子便欢喜踊跃，歌声亦时出户庭。今小民苦官兵淫杀有日矣，犹不感半古之事功否。感赋。

诗末有二联云："鲁国越官吏，江上逍遥师。避敌甚喂虎，篦民若养狸。"其词可谓严厉矣，所指却是明之义师，而出诸遗民之口，其事大可哀，若《村谣》中乃是记清之文武官吏虐民的事，情形不同，口气亦遂有异，今抄录数首于下：

其八

保甲输钱役未宁，社仓旧籍索逃丁，
奸胥倚仗先贤法，枉被穷檐骂考亭。

其九

襁负相牵避远村，饥烟冉冉出柴门。
桃源复苦桑麻税，何处仙家不断魂。

其十

邻翁窜去又三年，空室长扃鸟乱喧。
废圃无人邀我醉，桃花独自饱春烟。

其十二

紫柰青梨税入城，名园斫遍为朱樱。
官府不容栽果树，儿童何处打流莺。

其十四

官司虽苛怨无言，但怨先人旧业存。
羡杀东家家破后，催租夜半不惊魂。

其十七[①]

令箭频[②]来小户诃，沿门遍发长官鹾。

村儿不识将军贵，但怪虎牌斩字多。

其十八

役重偏[③]愁有此身，今生髓竭莫辞贫。

鬻儿权作斯须喜，明日朝餐省一人。

其二十五

十年野哭迭相赓，鬼啸悲凄尚有情。

今日死亡都惯见，行人无泪鬼吞声。

其二十六[④]

杨枝入户晓烟迷，绿向前村一树低，

犬吠烟中挨牒到，邻鸡飞上树头啼。

其二十七[⑤]

羽流缁客走如僵，搜索惊啼恐夕阳，

小尹青牛留不住，普贤白象亦踉跄。

以上共抄了十首，以诗论不必尽佳，只取其诗中

【原注】

① 贺氏原注云：营将贩盐，和沙发卖。

④ 贺氏原注云：上官差兵挨查异色。

⑤ 贺氏原注云：僧道亦以挨查逃去。

【锺校】

②“频”原作“颇”。

③“偏”原作“编”。

有史耳，且语多诙诡，正其特异处，二十八首中尽有语平正而意悲怆者，读之反不见佳，盖由说得容易太尽之故欤。略举一二例如下：

其二十二

娇妻嫁去抵官银，临别牵裾吏尚嗔，
夜梦都忘身在械，枕边犹唤旧时人。

其二十四

催赋健儿势绝伦，儒冠溺后拭红裙，
山歌联唱杯联饮，脂粉含羞不忍闻。

将这两首诗读过一遍，觉得他的力量总不及前面的十首，为什么缘故虽然我不知道，但这却是事实。这十首差不多全是打油诗，论理应该为文坛所不齿，一边的正宗嫌他欠高雅，不能载道，又一边的正宗恨他太幽默，不能革命，其实据我看来却是最有力，至少读过了在心上搁下一点什么东西，未必叫他立刻痛哭流涕，却叫他要想。拍桌跳骂，力竭声嘶，这本是很痛快的，但痛快就是满足，有如暑天发闷痧，背上乱扭一番，无论扭出一个王八或是八卦，病就轻松，闷着的时候最是难过，而悲惨事的滑稽写法正是要使人闷使人难过。假如文章的力量在于煽动，那么我觉得这种东西总是颇有力量的吧。从前读显克微支的小说，其《炭画》与《得胜的巴耳德克》两篇都是用这方法写的，使我读了很受感动，至今三十馀年还是不曾忘记。这回看水田居的诗得见那几首村谣，很是佩服，这一半固然由于著者的见识，一半也因为是明末清初在公安竟陵之后，否则亦未必可能也。

贺子翼在《诗筏》卷上有一则云：

> 看诗当设身处地，方见其佳。王仲宣《七哀》诗云："出门无所见，白骨蔽平原。路有饥妇人，抱子弃草间。顾闻号泣声，挥涕独不还。未知身死处，何能两相完。驱马弃之去，不忍听此言。"昔视之平平耳，及身历乱离，所闻所见殆有甚焉，披卷及此，始觉酸鼻。

此是一则好[①]诗话，却也可应用在他自己的诗上。我不知现今的人看了他这些诗，稍觉得酸鼻乎，抑以为平平乎。我个人的意见不足贡献，还是要请看客各自理会耳。

（民国二十六年七月六日，于北平苦茶庵）

【锺校】

①"一则好"原作"好一则"。

俞理初的诙谐

俞理初著《癸巳存稿》卷四有《女》一篇云：

《白虎通》云，女，如也，从如人也。《释名》云，女，如也，青徐州曰娪，娪，忤也，始生时人意不喜，忤忤然也。《史记·外戚世家》褚先生云，武帝时天下歌曰："生男勿喜，生女勿怒。"《太平广记·长恨歌传》云，天宝时人歌曰："生男勿喜欢，生女勿悲酸。"则忤忤然怒而悲酸，人之常矣。《玉台新咏》傅玄《苦相篇》云："苦想身为女，卑陋难再陈。男儿当门户，堕地自生神。雄心志四海，万里望风尘。生女无欣爱，不为家所珍。长大避深室，藏头羞见人。垂泪适他乡，忽如雨绝云。低头私颜色，素齿结朱唇。跪拜无复数，婢妾如严宾。情合同云汉，葵藿仰阳春。心乖甚水火，有戾集其身。玉颜随年变，丈夫多好新。昔为形与影，今为胡与秦。

胡秦一时见，一绝逾参辰。”此谚所谓姑恶千辛，夫嫌万苦者也。《后汉书》曹世叔妻传云，女宪曰，得意一人是谓永毕，失意一人是谓永讫，亦贵乎遇人之淑也。白居易《妇人苦》诗云：“妇人一丧夫，终身守孤子，有如林中竹，忽被风吹折，一折不重生，枯死犹抱节。男儿若丧妇，能不暂伤情，应似门前柳，逢春易发荣，风吹一枝折，还有一枝生。为君委曲言，愿君再三听，须知妇人苦，从此莫相轻。”其言尤蔼然。《庄子·天道》篇云，尧告舜曰，吾不虐无告，不废穷民，苦死者，嘉孺子而哀妇人，此吾所以用心也。《书·梓材》，成王谓康叔，至于敬寡，至于属妇，合由以容。此圣人言也。《天方典礼》引谟罕墨特云，妻暨仆[1]，民之二弱也，衣之食之，勿命以所不能。盖持世之人未有不计及此者。

俞君不是文人，但是我读了上文，觉得这在意思及文章上都很完善，实在是一篇上乘的文字。我虽然想学写文章，至今还不能写出能像这样的一篇来，自己觉得惭愧，却也受到一种激励。近来无事可为，重阅所收的清朝笔记，这一个月中间差不多检查了二十

【锺校】

① “妻暨仆”原作“暨妻仆”。

几种共四百馀卷，结果才签出二百三十条，大约平均[1]两卷里取一条的比例。但是更使我觉得奇异的是，笔记的好材料，即是说根据我的常识与趣味的二重标准认为中选的，多不出于有名的文人学士的著述之中，却都在那些悃愊[2]无华的学究们的书里，如俞理初的《癸巳存稿[3]》，郝兰皋的《晒书堂笔录》是也。讲到学问与诗文，清初的顾亭林与王渔洋总要算是一个人物了，可是读他们的笔记，便觉得可取的地方没有如预料的那么多。为什么呢？中国文人学士大抵各有他们的道统，或严肃的道学派或风流的才子派，虽自有其系统，而缺少温柔敦厚[4]或淡泊宁静之趣，这在笔记文学中却是必要的，因此无论别的成绩如何，在这方面就难免很差了。这一点小事情却含有大意义，盖这里不但指示出看笔记的途径，同时也教了我写文章的方法也。

俞理初生于乾嘉时，《存[5]稿》成于癸巳，距今已逾百年矣，而其见识乃极明达，甚可佩服，特别是

【锺校】

①“均”原作“匀”。
②“愊”原作“幅”。
③“稿”原作“类”。
④原无“厚”字，今增。
⑤“存”原作“类”。

能尊重人权，对于两性问题常有超越前人的公论，蔡孑[1]民先生在年谱序中曾列举数例，加以赞扬，如上文所引亦是好例之一也。但是我读《存稿》，觉得另有一种特色，即是议论公平而文章乃多滑稽趣味，这也是很难得的事。戴醇士著《习苦斋笔记》有一则[2]云：

> 理初先生，黟县人，予识于京师，年六十矣。口所谈者皆游戏语，遇于道则行无所适，南北东西，无可无不可。至人家，谈数语，辄睡于客座。问古今事，诡言不知，或晚间酒后，则原原本本无一字遗。予所识博雅者无出其右。

这是很有价值的一种记录，从日常言行一小节上可以使人得到好资料，去了解他文字思想上的有些特殊问题。《存稿》卷三《鲁二女》一篇中说春秋僖公十四年季姬及鄫子遇于防，公羊穀梁二家释为淫通，据《左传》反驳之，评云：

> 季姬盖老矣，遭家不造，为古贵妇人之失势者，不料汉人恕己度人，好言古女淫佚也。

又云：

【锺校】

①"孑"原作"子"。

②"《习苦斋笔记》有一则"，原作"《习苦齐笔记》有一侧"。

听女淫佚，则春秋之法，公子出境，重至师师，非君命不书，非告庙不书，淫佚有何喜庆，而命之策命，告之祖宗？固知瞀儒秽言无一可通者。

又卷三《书难字后》有一节云：

《说文》亡从入从乚[①]，为有亡，亦为亡失。唐人《语林》云："有亡之亡一点一画一乙，亡失之亡中有人，观篆文便知。"不知是何篆文有此二怪字，欲令人观之。

又关于欸乃二字云：

《冷斋夜话》引洪驹父言欸乃音奥，可为怪叹，反讥世人分欸乃为两字。此洪识难字诚多矣，然不似读书人也。

又有云：

又《短书》言宋乩神示古忠恕乃一笔书，退检古名帖，忠恕草书是中心如一四字。是不惟人荒谬，乩神亦荒谬也。

又卷四《师道正义》中云：

《枫窗小牍》言，宋仁宗时开封民众聚童子教之，有因夏楚死者，为其父母所讼，当抵死。

【锺校】

① 以下原衍"非ㄱ乚之乚"五字，今删去。

此则非人所为。师本以利，诚不爱钱，即谢去一二不合意之人亦非大损，乃苦守聚徒取钱本意而致出钱幼童于死，此其昧良尤不可留于人世也。

又云：

《东京梦华录》云，市学先生，春社秋社重五重九，预敛[1]诸生钱作会，诸生归时各携花篮果实食物社糕而散。此固生财之道，近人情也。

卷十一《芭蕉》一文中谓南方雪中实有芭蕉，王维山中亦当有之，对于诸家评摩诘画乃神悟不在形迹诸说深不以为然。评曰：

世间此种言语，誉西施[2]之颦耳，西施是日适不曾颦也。

卷十四《古本〈大学〉石刻记》中云：

明正德十三年七月王守仁从《礼记》写出《大学》本文，其识甚高。时有张夏者辑《闽洛渊源录》，反极诋守仁倒置经文，盖张夏言道学，不暇料检五经，又所传陈澔《礼记》中无《大学》，疑是守仁伪造。然朱子章句见在，为朱学者多以朱墨涂其章句之语，夏欲自附朱子，亦不

【锺校】

① "敛" 原作 "歛"。

② "施" 原作 "旋"。

全览朱子章句，致不知有旧本，可云奇怪。

后说及丰坊伪作石经本《大学》，周从龙作《遵古编》附和之，语多谬妄，评云：

此数人者慷慨下笔，殆有异人之禀。

又《愚儒莠书》中引宋人所记不近情理事，以为不当有，但因古有类似传说，因仿以为书，不自知其愚也。篇末总结云：

著者含毫吮墨，摇头转目，愚鄙之状见于纸上也。

可谓穷形极相。古今来此类层出不尽，惜无人为一一指出，良由常人难得之故。盖常人者，无特别希奇古怪的宗旨，只有普通的常识，即是向来所谓人情物理，寻常对于一切事物就只公平的看去，所见故较为平正真切，但因此亦遂与大多数的意思相左，有时也有反被称为怪人的可能，如汉孔文举明李宏甫皆是，俞君正是幸而免耳。中国贤哲提倡中庸之道，现在想起来实在也很有道理，盖在中国最缺少的大约就是这个。一般文人学士差不多都有点异人之禀，喜欢高谈阔论，讲他自己所不知道的话，宁过无不及，此莠书之所以多也。如平常的人，有常识与趣味，知道凡不合情理的事既非真实，亦不美善，不肯附和，或更辞而辟之，则更大有益世道人心矣。俞理初可以算是这样一个伟大的常人了，不客气的驳正俗说，而又多以诙谐的态度出之，这最使我佩服，只可惜上下三百年此种人不可多得，深恐只手不能满也。

（民国二十六年九月八日，在北平苦雨斋）

老年的书

谷崎润一郎的文章是我所喜欢读的，但这大抵只是随笔，小说除最近的《春琴抄》《芦刈》《武州公秘话》这几篇外，也就没有多读。昭和八年（一九三三）出版的《青春物语》凡八章，是谷崎前半生的自叙传，后边附有一篇《艺谈》，把文艺与演艺相提并论，觉得很有意思。其一节云：

> 我觉得自己的意见与现代的艺术观根本的不相容，对于一天一天向这边倾过去的自己，略有点觉得可怕。我想这不是动脉硬化的一种证据么，实在也不能确信其不如此。但是转侧的一想，在现代的日本几乎全无大人所读的或是老人所读的文学。日本的政治家大抵被说为缺乏文艺的素养，暗于文坛的情势，但是这在文坛方面岂不是也有几分责任么。因为就是他们政治家也未必真是对文艺冷淡，如犬养木堂翁可以不必说

了，像滨口雄幸那样无趣味似的人，据说也爱诵《碧岩录》，若槻前首相那些人则喜欢玩拙劣的汉诗，此外现居闲地的老政治家里面在读书三昧中度日的人一定也还不很少吧。不过他们所喜欢的多是汉文学，否则是日本的古典类，毫不及于现代的文学。读日本的现代文学，特别是读所谓纯文学的人，都是从十八九至三十前后的文学青年，极端的说来只是作家志望的人们而已。我看见评论家诸君的月评或文艺论使得报纸很热闹的时候，心里总是奇怪，到底除了我们同行以外的读者有几个人去读这些东西呢？在现在文坛占着高位的创作与评论，实在也单是我们同行中人做了互相读互①相批评，此外还有谁来注意。目前日本国内充满着不能得到地位感觉不平的青年，因此文学志愿者的人数势必很多，有些大报也原有登载那些作品的，但是无论如何，文坛这物事是完全以年青人为对手的特别世界，从自然主义的昔日以至现在，这种情形毫无变化。虽是应该对于政治组织社会状态特殊关心的普罗作家，一旦成为文士而加入文坛，被批评家的月评所收

【锺校】

① 原无“互”字，今增。

容，那么他们的读者也与纯文学的相差不远，限于狭小的范围内，能够广大的从天下的工人农人中获得爱读者的作家真是绝少。在日本的艺术里，这也只是文学才跼蹐于这样局促的天地，演剧不必说了，就是绘画音乐也更有广泛的爱好者，这是大家所知觉的事情。只是大众文学虽为文坛的月评所疏外，却在社会各方面似乎更有广大的读者层，可是这些爱读者的大部分恐怕也都是三十岁内的男女吧。的确，大众文学里没有文学青年的臭味，又多立脚于日本的历史与传统，其中优秀的作品未始没有可以作为大人所读的文学之感，但是对于过了老境的人，能给与以精神的粮食之文学，说是能够从这里生出来，却又未能如此想。要之现时的文学是以年青人为对手的读物，便是在作者方面，他当初也就没有把四十岁以上的大人们算在他的计划中的。老实说，像我这样虽然也是在文坛的角落里占一席地的同行中人，可是看每月杂志即使别栏翻阅一下，创作栏大概总是不读，这是没有虚假的事实。盖无论在那一时代那一国土，爱好文学的多是青春期的人们，所以得他们来做读者实是文艺作家的本怀，那些老人们便随他去，或者本来也不要紧，但是像我这样年纪将近五十了，想起自己所写的东西除年青人以外找不到人读，未始不感到寂寞。又或者把我自己放在读者方面来看，觉得古典之外别无堪读的东西，也总感觉在现代的[1]文学里一定有什么缺陷存在，为什么呢？因为从青年期到老年期，时时在灯下翻看，求得慰安，当作一生的伴侣永不厌倦的书物，这才可以说是真的文学。人在修养时代固然也读书，到了老来得到闲月日，更是深深的想要有滋味的读物，这正是人情。那时候他们所想读的，是能够慰劳自己半生的辛苦，忘却老后的悔恨，或可以说是清算过去生涯，什么都就是这么样也好，世上的事情有苦有悲也都有意思，就如此给与一种安心与信仰的文学。我以前所云找出心的故乡来的文学，也就是指这个。

我把这一篇小文章译录在这里，并不是全部都想引用，虽然在文学上中的情形原来相近，谷崎所说的话也颇有意思。我现在所想说的，只是看到在缺少给大人和老人读的书物这句话，很有同意，所以抄了过来，再加添一点意思上去。文学的世界总是青年的，然而世界不单只是文学，人生也不常是青年。我见文

【锺校】

①“现代的”原作“现的代”。

学青年成为大人（此语作第二义解亦任便），主持事务则其修养（或无修养）也与旧人相差无几，盖现时没有书给大人读，正与日本相同，而旧人所读过的书大抵亦不甚高明也。日本老人有爱诵《碧岩录》者，中国信佛的恐只慕净土念真言，非信徒又安肯读二氏之书乎。不佞数年前买《揞黑豆集》，虽觉得有趣而仍不懂，所以也不能算。据我妄测，中国旧人爱读的东西大概不外三类，即香艳，道学，报应，是也。其实香艳也有好诗文，只怕俗与丑，道学也是一种思想，但忌伪与矫，唯报应则无可取。我每想像中年老年的案头供奉《感应篇》《明圣经》，消遣则《池上草堂劝戒近录》，笔墨最好的要算《坐花志果》了，这种情形能不令人短气？这里便与日本的事情不同，我觉得我们所需要的虽然也是找出心的故乡来的文学，却未必是给与安心与信仰的，而是通达人情物理，能使人增益智慧，涵养性情的一种文章。无论什么，谈了于人最有损的是不讲情理的东西，报应与道学以至香艳都不能免这个毛病，不佞无做圣贤或才子的野心，别方面不大注意，近来只找点笔记看，便感到这样的不满，我想这总比被麻醉损害了为好，虽[1]

【锺校】

①“虽”原作“难”。

然也已失了原来读书的乐趣。现在似乎未便以老年自居，但总之已过了中年，与青年人的兴趣有点不同了，要求别的好书看看也是应该，却极不容易。《诗经》特别是《国风》，陶诗读了也总是喜欢，但是，读书而非求之于千年前的古典不可，岂不少少觉得寂寞么？大约因为近代的时间短的缘故吧，找书真大难，现代则以二十世纪论亦只有三十七年耳。近日偶读牛[①]空山《诗志》，见《豳风·东山》后有批语云：

情艳之事与军人不相关，慰军人却最妙。虫鸟果蔬之事与情艳不相关，写情艳却最妙。凯旋劳军何等大关目，妙在一字不及公事。一篇悲喜离合，都从室家男女生情。开端敦彼独宿，亦在车下，隐然动劳人久旷之感。后文妇叹于室，其新孔嘉，惓惓于此三致意焉。夫人情所不能已圣人弗禁，东征之士谁无父母，岂鲜兄弟，而夫妇情艳之私尤所缱切。此诗曲体人情，无隐不透，直从三军肺腑扪搎一过，而温挚婉恻，感激动人，悦以使民，民忘其死，信非周公不能作也。

这几节话在牛空山只是读诗时感到的意思批在书眉上，可是说得极好，有情有理，一般儒生经师诗人

【锺校】

①“牛”原作“半”。

及批评家都不能到这境地，是很难得的。我引这些话来做一个例，表示有这种见识情趣的可以有写书的资格了，只可惜他们不大肯写，而其更重要的事情是他们这种人实在也太少。供给青年看的文学书充足与否，不佞未敢妄言，若所谓大人看的书则好的实在极少，除若干古典外几于无有，然则中年老年之缺少修养又正何足怪也。

我近来想读书，却深感觉好书之不易得，所以写这篇小文，盖全是站在读者方面立场也。若云你不行，我来做，则岂敢，昨日闻有披发狂夫长跪午门外自称来做皇帝，不佞虽或自大亦何至于此乎。

（民国二十六年五月四日于北平）

儿童诗

鲍辛甫著《稗勺》一卷，收在《赐砚堂丛书》里，有《真雅文俗》一则云：

> 紫幢王孙文昭厌交旗下人士，谓非真雅。高南阜评南方士人多文俗。二君皆与余善。

记得《板桥集》中也常提起高南阜，与音五哥李三鱓都仿佛是小时候旧相识，查《板桥诗抄》有《绝句二十三首》，其一即是《高凤翰》，有序，曰：

> 号西园，胶州秀才，荐举为海陵督灞长。工诗画，尤善印篆，病废[①]后用左臂书画，更奇。
>
> 西园左笔寿门书，海内朋交索向余，
> 短札长笺都去尽，老夫赝作亦无馀。

有鲍郑二君的介绍，我对于南阜山人也就颇有好感，想找他的著作来看，只可惜但有诗而无文，虽然

【锺校】

①“废”原作“发”。

从他的诗草小序看来，文章也是一定会写得好的。《南皋诗集》七卷，乾隆甲申刊成，盖已是著者死后十六年了。宋蒙泉序中说，诸体品格在中晚两宋之间，这当然是说得很对的，不过与我不大有什么关系，因为我的看法原是非正宗的，并不是讲诗的好坏，实在只是窥看一点从诗中显露出来的著者的性情趣味而已。卷二《江湖集》是南皋四十以后作，卷头有七言绝句八首，觉得很有意思。前四首题曰《儿童诗效徐文长体》，有序，云：

在南州五六月，客[①]况无聊，时与斋中小童嬉戏，作儿曹事，抚掌一笑，少破岑寂。一日余方苦吟，童子笑谓阿痴日日作诗，能以吾曹嬉戏事为韵语，且令人人可解乎？余唯唯，援笔成四绝句，才一朗吟，而童子辈已哗然竞笑矣。

闲扑黄蜂绕野篱，尽横小扇觅蛛丝，
阶前拾得青青竹，偷向花阴缚马骑。

×

半拽长襟作猎衣，丝牵纸鹞扑天飞，
春风栏外斜阳里，搅碎桃花学打围。

【锺校】

①“客”原作“容”。

×

窗前小凤影青青，几日春雷始放翎，
五尺长梢生折去，绿杨[①]风里扑蜻蜓。

×

南风五月藕荷香，踏藕穿荷闹一塘，
红裤红衫都湿尽，又藏花帽罩鸳鸯。

第一首咏竹马，似南阜深喜此戏，《诗集类稿》雍正甲寅自序云："诗自戊子有订稿，前此烂纸久如败猬，盖自骑竹缚鹞以来已多俪语，茫茫烟煤，略无端绪，顾影一笑，有付之书灯酒火耳。"又乾隆乙丑跋有云：

其前此《骑竹集》皆幼年所作，及频年随手散落者，概未阑入。

可知戊子以前诗集即以"骑竹"为[②]名，惜不传，风筝则只见于第二首。《徐文长集》卷十一二均系七言绝句，却未见此类诗，唯题画诗中有《拟郭恕先作风鸢图》，自称"每一图必随景悲歌一首，并张打油叫街语也"，共二十五首，有几首颇可喜。如其四云：

我亦曾经放鹞嬉，今来不道老如斯，

【锺校】

①"杨"原作"阳"。
②"为"原作"以"。

那能更驻游春马，闲看儿童断线时。

又其二十五云：

新坐犊子鼻如油，有索难穿百自由，

才见春郊鸢事歇，又搓弹子打黄头。

南阜的后四首无小引，题曰《小娃诗再效前体》，盖是咏女孩儿家嬉戏事者也。其诗云：

画廊东畔绿窗西，斗草寻花又捉迷，

袖里偷来慈母线，一勾小袜刺猫蹄。

原注云：作袜布半寸许，着猫足为戏，谓之猫蹄儿。

安排杓柄强枝梧，略著衣裳束一躯，

花草堆盘学供养，横拖绿袖拜姑姑。

原注云：以杓柄作刍偶乞灵，谓之请姑姑。

高高风信放鸢天，阿弟春郊恰放还，

偷去长丝缚小板，牵人花底看秋千。

姊妹南园戏不归，喁喁小语坐花围，

平分一段芭蕉叶，剪碎春云学制衣。

这几首诗的好坏是别一问题，总之是很难得[①]的，古人虽有闲看儿童捉柳花，稚子敲针作钓钩等单句，整篇的在《宾退录》卷六记有路德延的《孩儿诗五十韵》，其次我想该算这七绝八首了吧。近来翻阅寅

【锺校】

①“得”原作“很”。

半生所编的《天花乱坠二集》，书凡八卷，刊于光绪乙巳，去年才三十二年，所收录的都是游戏文章，为正经的读者所不屑一顾的，在这中间我却找到了一篇儿童诗，可以说是百年内难得见的佳作。卷五所录全是诗歌，末尾有一篇《幼稚园上学歌》凡十节，署名曰人境庐主人。歌词云：

春风来，花满枝。儿手牵娘衣，儿今断乳儿不啼。娘去买枣梨，待儿读书归。上学去，莫迟迟。

儿口脱娘乳，牙牙教儿语。儿眼照娘面，娘又教字母。黑者龙，白者虎。红者羊，黄者鼠。一一图，一一谱，某某某某儿能数。去上学，上学去。

天上星，参又商。地中水，海又江。人种如何不尽黄？地球如何不成方？昨归问我娘，娘不肯语说商量。上学去，莫徜徉。

大鱼语小鱼，世间有江湖。小鱼不肯信，自偕同队鱼，三三两两俱。可怜一尺水，一生困沟渠。大鱼化鹏鸟，小鱼饱鹈鹕[1]。上学去，莫踟蹰。

【锺校】

①“鹕”原作“胡”。

摇钱树，乞儿婆。打鼗鼓，货郎哥。人不学，不如他。上学去，莫蹉跎。

邻儿饥，菜羹稀，邻儿饱，食肉糜，饱饥我不知。邻儿寒，衣裤单，邻儿暖，衣重茧，寒暖我不管。阿爷昨教儿，不要图饱暖。上学去，莫贪懒。

阿师抚我，抚我又怒我。阿师詈我，詈我又媚我。怒詈犹可，弃我无奈。上学去，莫游惰。

打栗凿，痛呼謈。痛呼謈，要逃学。而今先生不鞭扑，乐莫乐兮读书乐。上学去，去上学。

儿上学，娘莫愁。春风吹花开，娘好花下游。白花好靧面，红花为插头，嘱娘摘花为儿留。上学去，娘莫愁。

上学去，莫停留，明日联袂同嬉游。姊骑羊，弟跨牛。此拍板，彼藏钩。邻儿昨懒受师罚，不许同队羞羞羞。上学去，莫停留。

原批云：

好语如珠穿一一，妙在冲口而出，不事雕琢，仙乎仙乎。

这首歌看下去很有点面善，特别是第一节，觉得的确曾经在哪里见过，可是记不清楚了。《人境庐诗草》各本里都未见，查钱萼孙笺注所录诸家诗话亦不载，往问博闻强记的老友饼斋，复信亦未能详。《天花乱坠》题人境庐主人，不知何所据，猜想此歌或当见于《饮冰室诗话》，因以转录亦未可知，唯不佞所有《新民丛报》及《新小说》均于丙午离南京时遗弃，目下无可查考。只是读过一遍，凭了主观的判断，觉得这大约真是黄公度所作的，因为其题材，思想，情调，文辞，有许多地方都非别人所能学步。

这原本只是一篇学校唱歌似的东西罢了，在著者大概也只当作游戏之作，不想留在集里。但是从现在看来，却不愧为儿童诗之一大名篇，不但后来唱歌无一比得上，即徐高诸公也难专美于前矣。可惜人境庐主人此外不再写儿童或小娃诗，不然必当有很好的成绩，我们读集中山歌可以相信也。尤西堂的《艮斋杂说》中讲前辈俞君宣的逸事，有云：

> 俞临没时语所亲曰，吾死无所苦，所苦此去重抱书包上学堂耳。

《上学歌》却善能消除此苦，如第八节所说最妙。但三十年中百事转变，上学堂似又渐渐非复是乐事矣。眼前情事不劳细说，黄君如在当别作一篇，虽是变徵之音，然又必甚是佳妙耳。

（二十六年五月二十日）

【附记】 昨晚饼斋过访，携《饮冰室诗话》见示，其中有云：“公度所制《军歌》二十四章，《幼稚园上学歌》若干章，既行于世，今复得见其近作《小学校学生相和歌》十九章，亦一代妙文也，其歌以一人唱，章末三句诸生合唱。”由此可知《上学歌》为黄公度所作无疑，唯云既行于世，不知在何处发表，饼斋亦云词甚熟悉[1]，大约当在《新小说》文苑栏中，惜手边无此书不能一检也。《小学校学生相和歌》录入《诗话》中，词意激昂，但此只是志士苦心，不能说有公度特色，与《上学歌》性质亦不同，今不赘。

（五月二十四日记）

前日饼斋来，以《新小说》第三号见示，此歌果然在“杂歌谣”栏中，时为光绪壬寅（一九〇二）十二月也。

（六月三日再记）

【锺校】

①“悉”原作“习”。

儿时杂事

偶读史震林《西青散记》，此书太漂亮，有才子气，非不佞所喜，但其中也有几节可取，如卷二《记儿时诸事》即其一。文云：

事有小而不忘，思之不可再得，与人言生感慨者。忆三四岁时最喜猬。猬刺如栗房，见人则首尾相就如球，啼时见猬即喜笑，以足蹴之辘辘行。获乳兔二，抱而眠，饲以豆叶，不食而死，哭之数日。八九岁独负筐采棉，怀煨饼，邻有兄名中哥，长一岁，呼中哥为伴，坐棉下分煨饼共食之。棉内种芝麻，生绿虫，似蚕而大，捻之相恐吓，中哥作骇态，蹙额缩颈以为笑。后虽长，常采棉也。采棉日宜阴，日炙败叶，屑然而脆，粘于花，天晴每承露采之，日中乃已，或兼采杂菽，棉与菽相和筐中，既归乃别之也。幼时未得其趣。前岁自西山归湖上，携稚儿采棉于村北。

秋末阴凉，黍稷黄茂，早禾既获，晚菜始生，循田四望，远峰一青，碎云千白，蜻蜓交飞，野虫振响，平畴良阜，独树破巢，农者锄镰异业，进退俯仰，望之皆从容自得。稚儿渴，寻得馀瓜于虫叶断蔓之中，大如拳，食之生涩。土蝶飞掷，翅有声潋潋然，儿捕其一，旋令放去。晚归，稚儿在前，自负棉徐步随之，任意问答，遥见桑枣下夕阳满扉，老母倚门而望矣。

卷一又述王澹园语云：

迩者幼儿学步，见小鸟行啄，鸣声啁啾，引手潜近，欲执其尾。鸟欺其幼也，前跃数武，复鸣啄如故焉。凝睇久立，仍潜行执之，则扈然而飞。鸟去则仰面嘬哰而呕昵，鸟下复然。观此自娱也。

此是闲看儿童捉柳花的说法，却亦精细有情致，似易而实难也。沈三白《浮生六记》卷二《闲情记趣》首节云：

余忆童稚时能张目对日，明察秋毫，见藐小微物必细察其纹理，故时有物外之趣。夏蚊成雷，私拟作群鹤舞空，心之所向，则或千或百果然鹤也，昂首观之，项为之强。又留蚊于素帐中，徐喷以烟，使其冲烟飞鸣，作青云白鹤观，果如鹤唳云端，怡然称快。于土墙凹凸处，花台小草丛杂处，常蹲其身使与台齐，定神细视，以丛草为林，以虫蚁为兽，以土砾凸者为丘，凹者为壑，神游其中，怡然自得。一日见二虫斗草间，观之正浓，忽有庞然大物拔山倒树而来，盖一癞虾蟆也，舌一吐而二虫尽为所吞。余年幼，方出神，不觉呀然惊恐。神定，捉虾蟆鞭数十，驱之别院。年长思之，二虫之斗，盖图奸不从也。古语云，奸近杀，虫亦然耶。贪此生涯，卵（原注云吴俗呼阳曰卵）为蚯蚓所哈，肿不能便，捉鸭开口哈之。婢妪偶释手，鸭颠其颈作吞噬状，惊而大哭，传为话柄。

舒白香《游山日记》卷二，嘉庆九年六月辛巳条下有一节云：

予三五岁时最愚，夜中见星斗阑干，去人不远，辄欲以竹竿击落一星代灯烛。于是乘屋而叠几，手长竿撞星不得，则反仆于屋，折二齿焉，幸犹未龀，不致终废啸歌也。又尝随先太恭人出城饮某淑人园亭，始得见郊外平远处天与地合，不觉大喜而哗，诫御者鞭马疾驰至天尽头处，试扪之，当异常石，然后旋车饭某氏未迟。太恭人怒且笑曰，痴儿，携汝未周岁自江西来，行万里矣，犹不知天尽何处，乃欲扪天以赴席耶。予今者仅居此峰，去人间不及万丈，顾已沾沾焉自炫其高，其愚亦正与孩时等耳。随笔自广，以博一笑。

方濬颐《梦园丛说》内篇卷六有云：

犹记儿时读《博物志》云，五月五日取青蛉头，正中门埋，皆成青珠。因于天中节扑得青蛉，将取锄以瘗。顾先生见而诃之，具以实告。先生笑曰，尽信书则不如无书，孺子太不解事。斯语可为读死书者下一针砭也。

钱振锽《课馀闲笔》中有一则云：

余稚时性暴厉不堪，戕物尤甚。尝杀池中巨螺数百，尸而陈之，被塾师所见，怒其暴殄天物，大加让斥。又尝有群蚁千百至案上，余杀之无遗。家中九峰阁尝有群蜂入焉，借以御冬也，余又烬[1]而歼之，至千百计。种种罪案，难以悉数。至今不过三五年，性气大变。时值十月，阁中群蜂百族相聚，诸弟年幼尝欲歼之，皆被余拦阻。一日援笔作诗未竟，蜂从颈后猛刺数下，大为所苦，余不过诛其罪魁一耳，他

【锺校】

①"烬"原作"尽"。

不及问也。

以上数节，虽文章巧拙有不同，其记述儿童生活都颇有意思。如在歌咏儿童的文学发达的地方，这样的东西原算不得什么，但是在我们中国，就不能不说是难得而可贵了。不过大抵难免有小毛病，即其目的并不在于简单的追记儿时生活，多少另有作用。纪晓岚《阅微草堂笔记》中《滦阳消夏录》卷五有云：

余两三岁时尝见四五小儿，彩衣金钏，随余嬉戏，皆呼余为弟，意似甚相爱，稍长时乃皆不见。后以告先姚安公，公沉思久之，爽然曰，汝前母恨无子，每令尼媪以彩丝系神庙泥孩归，置于卧内，各命以乳名，日饲果饵，与哺子无异，死后吾命人瘗楼后空院中，必是物也。

恐后来为妖，拟掘[①]出之，然岁久已迷其处矣。

这是很好的一例。纪君喜言鬼怪，其笔记五种共二十四卷，不说到妖异的大约不及百一，日前检阅一过，备近代随笔之选，可取者才八则而已。上文所引尚有大半，意在叙说前母显灵，此只是陪衬，但我们如断章取义，亦可作儿童生活考察之资料。小儿感觉

【锺校】

①“掘”原作“抽”。

与大人异，或有时自有幻景，即平时玩弄竹马泥人亦是如此，如沈三白所说可为例证，纪晓岚则更进一步耳。泥孩为妖，不佞不以为可能，在古人原自无怪，且纪君若不为此便不涉笔，正亦赖有此种迷信，乃得留下一点资料，在民俗志中求子与祈年固是同样的重要者也。往见外国二三歌咏儿童的文学之总集，心甚喜爱，惜中国无此类书物，欲自行编辑则无此时光与力量，只就所见抄录一二，以自怡悦。范啸风自传已别有摘录，兹亦不再抄入矣。

（廿六年九月廿一日录于北平）

【附记】 森鸥外著《伊泽兰轩传》第一百三十九节引用北条霞亭所著《霞亭涉笔》，有云："记二十年前一冬多雪，予时髫龀，喜甚，乃与稚弟彦就庭砌团雪，塑一布袋和尚，坐之盆内，爱玩竟日，旋复移置寝处，褥卧观之。翌日起问布袋和尚所在，已消释尽矣。弟涕泣求再塑之不已，而雪不可得，母氏慰谕而止。后十馀年，彦罹疾没。尔来每雪下，追忆当时之事，其声音笑貌，垂髦之葳蕤，彩衣之斑斓，宛然在耳目，并感及平生之志行，未尝不怆然悲苗而不秀矣。"案，霞亭生于日本安永九年（一七八〇），《涉笔》作于文化戊辰（一八〇八），即舒白香著《游山日记》的后四年也。所云二十年前，盖是一七八八年顷，霞亭时年九岁，其弟彦则五岁也。

(九月二十二日再记)

关于酒诫

有书估来携破书廉价求售，《元诗选》等大部书无所用之，只留下了一部梁山舟的《频罗庵遗集》。集凡十六卷，诗仍是不懂，但其《题跋》四卷，《直语补证》《日贯斋涂说》各一卷，都可以看，也还值得买。题跋四有《书〈抱朴子〉酒诫篇附录自作〈说酒〉诗册跋》一首，其文云：

> 右篇反复垂诫，摹写俗态，至二千馀言，可谓无留蕴矣，特未确指所以不可饮之情状，或滋曲说焉。予尝有《说酒》五言一章，非敢儳言古书之后，聊取宣圣近譬之旨，以冀童竖之家至而户晓耳。洪饮之君子庶几抚掌一笑，以为然乎否乎。

抱朴子是道士，我对他有隔教之感，《酒诫》在外篇二十四，比较的可读，摹写俗态在起首两页，有云：

其初筵也，抑抑济济，言希容整，咏湛露之厌厌，歌在镐之恺乐，举万寿之觞，诵温克之义。日未移晷，体轻耳热。夫琉璃海螺之器并用，满酌罚馀之令遂急，醉而不止，拔辖投井。于是口涌鼻溢，濡首及乱，屡舞蹮蹮，舍其坐迁，载号载呶，如沸如羹。或争辞尚胜，或哑哑独笑，或无对而谈，或呕吐几筵，或[1]值蹶良倡，或冠脱带解。贞良者流华督之顾眄，怯懦者效庆忌之蕃捷，迟重者蓬转而波扰，整肃者鹿踊而鱼跃。口讷于寒暑者皆垂掌而谐声，谦卑而不竞者悉裨瞻以高交。廉耻之仪毁而荒错之疾发，阘茸之性露而傲很之态出。精浊神乱，臧否颠倒，或奔车走马，赴坑谷而不惮，以九折之阪为蚁封，或登危蹋颓，虽堕坠而不觉，以吕梁之渊为牛迹也。

以下又说因酒得祸得疾，今从略。梁山舟诗《说酒》二百四十字在遗集卷三，以面粉发酵来证明酒在肚里的害处，现在想来未免可笑，觉得与以糟肉证明酒的好处相差无几。我想中庸的办法似乎是《论语》所说为最妥当，即是惟酒无量不及乱。若要说得彻底

【锺校】

① “或”原作“我”。

说得好，则不得不推佛教了。《梵网经》菩萨戒轻垢罪篇，饮酒戒第二云：

> 若佛子，故饮酒，而生酒过失无量。若自身手过酒器与人饮酒者，五百世无手，何况自饮。不得教一切人饮，及一切众生饮酒，况自饮酒。若故自饮，教人饮者，犯轻垢罪。

贤首疏云：

> 轻垢者，简前重戒，是以名轻，简异无犯，故亦名垢。又释，黩污清净行名垢，礼非重过称轻。善戒地持轻戒总名突吉罗。瑜伽翻为恶作，谓作非顺理，故名恶作，又作具过恶，故名恶作。

这是大乘律，所以比较宽容，小乘律就不同了，《四分律》卷十六云：

> 佛告阿难，自今已去，以我为师者，乃至不得以草木头内着酒中而入口。

其时所结戒云：

> 若比丘饮酒者，波逸提。

案波逸提是堕义，比突吉罗更加重一等，据《根本律》说：

> 谓犯罪者堕在地狱傍生饿鬼恶道之中。

《四分律》又有解释极好，略云：

> 比丘，义如上。酒者，木酒，粳米酒，馀米酒，大麦酒，若有馀酒法作酒者是。木酒者，梨汁酒，阎浮果酒，甘蔗酒，舍楼伽果酒，蕤汁酒，蒲萄酒。梨汁酒者，若以蜜石蜜杂作，乃至蒲萄酒亦如是。杂酒者，酒色，酒香，酒味，不应饮。或有酒非酒色，酒香，酒味，不应饮。或有酒非酒色，非酒香，酒味，不应饮。或有酒非酒色，非酒香，非酒味，不应饮。非酒酒色，酒香，酒味，应饮。非酒非酒色，酒香，酒味，应饮。非酒非酒色，非酒香，酒味[①]，应饮。非酒非酒色，非酒香，非酒味，应饮。

《大智度论》卷十三亦有一节云：

> 酒有三种，一者谷酒，二者果酒，三者药草酒。果酒者，蒲萄、阿梨咤树果，如是等种种名为果酒。药草酒者，种种药草合和米曲甘蔗汁中，能变成酒，同蹄畜乳酒，一切乳热者可中作酒。略说若干若湿，若清若浊，如是等能令人心动放逸，是名为酒。一切不应饮，是名不饮酒。

这里把酒分门别类的讲得很清楚，大抵酒与非酒之分盖以醉人为准，即上文云令人心动放逸也。《四

【锺校】

①“酒味”原作“非酒味”。

分律》叙结戒缘因本由比丘娑伽陀受请，食种种饮食，兼饮黑酒，醉卧道边大吐，众乌乱鸣。本文云：

> 佛告阿难，此娑伽陀比丘痴人，如今不能降服小龙，况能降服大龙。

贤首戒疏云：

> 如娑伽陀比丘，先时能服毒龙，后由饮酒不能伏虾蟆等。

亦即指此事。唯《四分律》中又举饮酒十失云：

> 佛语阿难，凡饮酒者有十过失。何等十？一者颜色恶。二者少力。三者眼视不明。四者现瞋恚相。五者坏田业资生法。六者增致疾病。七者益斗讼。八者无名称，恶名流布。九者智慧减少。十者身坏命终，堕三恶道。阿难，是谓饮酒者有十过失也。

《大智度论》亦云：

> 问曰，酒能破冷益身，令心欢喜，何以故不饮？答曰，益身甚少，所损甚多，是故不应饮。譬如美饮，其中杂毒。是何等毒？如佛语难提优婆塞，酒有三十五失。

所说数目虽多，精要却似不及《四分律》。如云一者现在世财物虚竭，即是《四分》之五。二者众疾之门，三者斗诤之本，即其六七。五者丑名恶声，六者覆没智慧，即其八九。十一者身力转少，十二者身色坏，即其二与一。又三十四者身坏命终，堕恶道泥犁中，即其十也。此外所说诸条别无胜义，无可称述，唯末有五言偈十六句，却能很得要领，可以作酒箴读。其词云：

酒失觉知相，身色浊而恶。智心动而乱，惭愧已被劫，失念增瞋心，失欢毁宗族。如是虽名饮，实为饮毒死。不应瞋而瞋，不应笑而笑。不应哭而哭，不应打而打。不应语而语，与狂人无异。夺诸善功德，知愧者不饮。

这虽然不能算是一首诗，若是照向来诗的标准讲，但总不失为一篇好文章，特别是自从陶渊明后韵文不能说理，这种伽陀实是很好的文体，来补这个缺陷。贤首疏又引有《大爱道比丘尼经》，所说也是文情并茂，省得我去借查《大藏经》，现在就转抄了事。文云：

不得饮酒，不得尝酒，不得嗅酒，不得鬻酒，不得以酒饮人，不得言有疾欺饮药酒，不得至酒家，不得与酒客共语。夫酒为毒药，酒为毒水，酒为毒气，众失之源，众恶之本。残贤毁圣，败乱道德，轻毁致灾，立祸根本，四大枯朽，去福就罪，靡不由之。宁饮洋铜，不饮酒味。所以者何？酒令人失志，迷乱颠狂，令人不觉，入泥犁中，是故防酒耳。

这是一篇很好的小品文，我很觉得欢喜，此经是北凉时译，去今已一千五百年了，读了真令人低徊慨叹，第一是印度古时有这样明澈的思想，其次是中国古时有这样轻妙的译文，大可佩服，只可惜后来就没有了。

日本兼好法师是十四世纪前半的人，本姓卜部，出家后曾任京都吉田的神护院等处，俗称之为吉田兼好。他虽是和尚，但其绩业全在文学方面，所著随笔二卷二百四十三段，名曰《徒然草》，为日本中古散文学之精华。其第百七十五段也是讲酒的，可以称为兼好法师的酒诫，很可一读。十多年前我曾译出后半[1]，收在《冥土旅行》中，今将全文补译于下方：

世间不可解的事情甚多。每有事辄劝酒，强使人多饮以为快，不解其用意何在。饮酒者的脸均似极难堪，蹙额皱眉，常伺隙弃酒或图逃席，被捕获抑止，更胡乱灌酒，于是整饬者忽成狂夫，愚蠢可笑，康强者即变重病人，前后不知，倒卧地上。吉日良辰，如此情形至为不宜。至第

【锺校】

①“半”原作“来”。

二日尚头痛，饮食不进，卧而呻吟，前日的事不复记忆，有如隔生，公私诖误，生诸烦累。使人至于如此，既无慈悲，亦背礼仪。受此诸苦者又岂能不悔且恨耶。如云他国有此习俗，只是传闻，并非此间所有的事，亦已可骇怪，将觉得不可[1]思议矣。

即使单是当作他人的事来看，亦大难堪。有思虑的大雅人士亦复任意笑骂，言词烦多，乌巾歪戴，衣带解散，拉裾见胫，了不介意，觉得与平日有如两人。女子则搔发露额，了无羞涩，举脸嘻笑，捧持执杯的手，不良之徒取肴纳其口，亦或自食，殊不雅观。各尽力发声，或歌或舞，老年法师亦被呼出，袒其黑丑之体，扭身舞踊，不堪入目，而欣喜观赏，此等人亦大可厌憎也。或自夸才能，使听者毛耸，又或醉而哭泣，下流之人或骂詈斗争，陋劣可恐。盖多是可耻难堪的事，终乃强取人所不许的事物，俱坠廊下，或从马上车上堕地受伤。其不能有乘者，蹒跚行大路上，向着土墙或大门，漫为不可言说之诸事。披袈裟的年老法师扶小童之肩说着听不清楚的话，

【锺校】

① 原无“可”字，今增。

亍走去，其情状实为可怜悯也。

为如此种种事，如于现世或于来世当有利益，亦无可如何。唯在现世饮酒则多过失，丧财，得病。虽云酒为百药之长，百病皆从酒生，虽云酒可忘忧，醉人往往想起过去忧患至于痛哭。又在来世丧失智慧，烧毁善根，有如烈火，增长恶业，破坏众戒，当堕地狱。佛曾亲说，手过酒器与人饮酒者五百世无手。

酒虽如是可厌，但亦自有难舍之时。月夜，雪朝，花下，从容谈话，持杯相酬，能增兴趣。独坐无聊，友朋忽来，便设小酌，至为愉快。从高贵方面的御帘中，送出肴核与酒来，且觉将送之人亦必不俗，事甚可喜。冬日在小室中，支炉煮菜，与好友相对饮酒，举杯无算，甚快事也。在旅中小舍或野山边，戏言盛馔为何云云，坐草地上饮酒，亦是快事。非常怕酒的人被强令饮少少许，亦复佳。高雅的人特别相待。说来一杯，太少一点吧，大可忻喜。总之大酒量人至有趣味，其罪最可原许。大醉困顿，正在早睡之时，主人启户，便大惶惑，面目茫然，细髻矗立，衣不及更，抱持而逃，挈衿揭裾，生毛细胫亦均显露，凡此情状大可笑乐，亦悉相调和也。

上边第二节中所云不可言说之事，盖即指呕吐或小便，第三节引佛说，即《梵网经》原语，据贤首疏云：

> 五百世无手，杜顺禅师释云，以俱是脚，故云无手，即畜生是。

又第四节似未能忘富贵门第，又涉及遐想，或不免为法师病，唯兼好本武士，曾任为上皇宫侍卫，又其人富于情趣，博通三教，因通达故似多矛盾，本不足怪，如此篇上半是酒诫，而下半忽成酒颂，正是好例。拙译苦不能佳，假如更写得达雅一点，那么这在我所抄引的文章里要算顶有意思的一篇了。为什么[①]呢？彻底的主张本不难，就只是实行难，试看现今和尚都大碗酒大块肉的吃了，有什么办法。我们凡人不能"全或无"，还只好自认不中用，觉得酒也应戒，却也可以喝，反正不要烂醉就是了。

兼好法师的话正是为我们凡人说的。只能喝半斤老酒的不要让他醉，能喝十斤的不会醉，这样便都无妨喝喝。试活剥唐诗为证曰：但得酒中趣，勿为醉者传。凡人酒训的精义尽于此矣。

（廿六年五月十八日）

【锺校】

①"么"原作"点"。

谈劝酒

因为收罗同乡人著作，得见兰亭陈廷灿的《邮馀闲记》初二集各二卷，初集系抄本，二集木刻本，有康熙乙亥年序，大约可以知道著书的时日。陈君的思想多古旧，特别是关于女人的，如初集卷上云："人皆知妇女不可烧香看戏，余意并不宜探望亲戚及喜事宴会，即久住娘家亦非美事，归宁不可过三日，斯为得之。"但是卷下有关于饮酒的一节，即颇有意思：

古者设酒原从大礼起见，酬天地，享鬼神，欲致其馨香之意耳。渐及后人，喜事宴会，借此酬酢，亦以通殷勤，致欢欣而止，非必欲其酩酊酕醄，淋漓几席而后为快也。今若享客而止设一饭，以饱为度，草草散场，则太觉索然，故酒为必需之物矣。但会饮当有律度，小杯徐酌，假此叙谈，宾主之情通而酒事毕矣，何必大觥加劝，互酢不休，甚至主以能劝为强，客以善避为巧，竟能争智之场，又何有于欢欣哉。

又见今人钱振锽著《课馀闲笔》补中一则云：“天下第一下流莫如豁拳角酒，切记此等闹鬼万不可容他入席。”二君都说得有理，不佞很有同意，虽然觉得钱君的话未免稍愤激一点，简单一点，似乎还该有点说明。本来赌酒也并无什么不可，假如自己真是喜欢酒喝。豁拳我不大喜欢，第一因自己不会，许多东西觉得不喜欢，后来细细推想实在是因为不会之故，恐怕这里也是难免如此。第二，豁拳的叫声与姿势有点可畏，对角线的对豁或者还好，有时隔着两座动起手来，中间的人被左右夹攻，拳头直出，离鼻尖不过一公分，不由不感到点威吓。话虽如此，挥拳狂叫而抢酒喝，虽似粗暴，毕竟也还风雅，我想原是可以原谅的。不过这里当然有必须的条件，便是应该赢拳的人喝酒，因为这酒算是赏品。为什么呢？主人请客吃酒，那么酒一定是好东西，希望大家多喝一点，豁拳赌酒，得胜[①]的饮，正是当然的道理。现在的规矩似乎都是输者喝酒，仿佛是一种刑罚似的，这种办法恐怕既不合理也还要算失礼吧。盖酒如是敬客的好东西，不能拿来罚人，又如是用以罚人的坏东西，则

【锺校】

①“胜”原作“酒”。

岂可以敬客乎。不佞于此想引申钱君的意思，略为改订云：主客赌酒，胜者得饮。豁拳虽俗，抢酒则雅，此事可行。如现今所为，殊无可取，则不佞对于钱君之说亦只好附议耳。

陈君没有说到豁拳，所反对的只是劝酒，大约如干杯之类。主与客互酬，本是合理的事，但当有律度，要尽量却也不可太过量，到了酩酊酕醄，淋漓几席，那就出了限度，不是敬客而是以客人为快了。

这里的意思似乎并不以酒为坏东西，乃因为酒醉是苦事的缘故吧。酒既是敬客的好东西，希望客人多喝，本来可以说是主人的好意，可是又要他们多喝以至于醉而难受，则好意即转为恶意了。凡事过度就会难受，不必一定是喝酒至醉，即吃饭过饱也是如此。我曾听过一件故事，前清有一位孝子是做知府者，每逢老太太用饭，站在旁边侍候着，老太太吃完一碗就够了，必定请求加餐，不听时便跪求，非允许添饭决不起来。老太太没法只好屈服，却恳求媳妇道，请你告诉老爷不要再孝了，我实在是受不住了。强劝喝酒的主人大有如此情形，客人也苦于受不住，却是无处告诉。先君是酒量很好的人，但是痛恨人家的强劝，祖母方面的一位表叔最喜劝酒，先君遇见他劝时就绝对不饮，尝训示云，对此等人只有一法，即任其满酾，就是流溢桌上也决不顾。此是昔者大将军对付石崇的方法，我虽佩服却不能实行，盖由意志不坚强，平常也只好应酬一半，若至金谷园中必蹈[1]王丞相之复辙矣。

酒本是好东西，而主人要如此苦劝恶劝才能叫客人喝下去，这到底是什么缘故呢？我想，这大抵因为酒这东西虽好而敬客的没有好酒的缘故吧。不佞不会喝酒而性独喜喝，遇酒总喝，因此颇有阅历，截至今日为止我只喝过两次好酒，一回是在教我读《四书》的先生家里，一回是一位吾家请客的时候，那时真是抢了也想喝，结果都是自动的吃得大醉而回。此外便都很平常，有时也会喝到些酒，盖虽是同类而且异味，这种时候大约劝酒的手段就很是必须了，输了罚酒的道理也很讲得过去。刘继庄在《广阳杂记》中云：

> 村优如鬼，兼之恶酿如药，而主人之意则极诚且敬，必不能不终席，此生平之一劫也。

此寥寥数语，盖可为上文作一疏证矣。

（廿六年七月十八日，在北平）

【锺校】

①“蹈”原作“踏”。

【附记】 阮葵生著《茶馀客话》卷二十有一则云：

俗语云，酒令严于军令，亦末世之弊俗也。偶尔招集，必以令为欢，有政焉，有纠焉，众奉命唯谨，受虐被凌，咸俯首听命，恬不为怪。陈几亭云，饮宴苦劝人醉，苟非不仁，即是客气，不然亦蠢俗也。君子饮酒，率真量情，文士儒雅，概有斯致。夫唯市井仆役以逼为恭敬，以虐为慷慨，以大醉为欢乐，士人而效斯习，必无礼无义不读书者。几亭之言可为酒人下一针砭矣。偶见宋人小说中酒戒云，少吃不济事，多吃济甚事，有事坏了事，无事生出事。

旨哉斯言，语浅而意深。又几亭《小饮壶铭》曰，名花忽开，小饮。好友略憩，小饮。凌寒出门，小饮。冲暑远驰，小饮。馁甚不可遽食，小饮。珍酝不可多得，小饮。真得此中三昧矣。若酣湎流连，俾昼作夜，尤非向晦息宴之道。亭林云，樽罍无卜夜之宾，衢路有宵行之禁，故见星而行者非罪人即奔父母之丧。酒德衰而酣饮长夜，官邪作而昏夜乞哀，天地之气乖而晦明之节乱。所系岂浅鲜哉。法言云，侍坐则听言，有酒则观礼。何非学问之道。

这一节在戴氏选本卷十，文句稍逊，今从王刊本。所说均有意思，陈几亭的话尤为可喜，我们不必有壶，但小饮的理想则自极佳也。

（八月七日记）

【附记二】 赵氏刊《仰视千七百二十九鹤斋丛书》中有《遁翁随笔》二卷，山阴祁骏佳著，卷上有一则云：

凡与亲朋相与，必以顺适其意为敬，唯劝酒必欲拂其意，逆其情，多方以强之，百计以苦之，则何也。而受之者虽觉其苦，亦不以为怪，而且以为主人之深爱，又何也。此事之甚戾而举世莫之察者，唯契丹使臣冯见善云，劝酒当观其量，如不以其量，犹徭役不以户等高下也，强之以不能，岂宾主之道哉。此言足醒古今之迷，乃始出于契丹使臣之口。

遁翁是明末遗民，故有此感慨，其实冯见善大概也仍是汉人，不过倚恃是使臣故敢说话，平常也会有人想到，只是怕事不肯开口，未必真是见识不及契丹人也。社会流行的势力很大，不必要有君主的威力压在上面，也就尽够统制，使人的言论不能自由，此事至堪叹息，伊勃生说少数总是对的，虽不免稍偏激，却亦似是事实。我想起李卓吾的事，便觉得世事确是颠倒着，他的有些意见实在是十分确实而且也平常，却永久被看作邪说，只因为其所是非与世俗相反耳。劝酒细事，而乃喋喋不休，无乃小题而大做乎，实亦不然。世事颠倒，有些小事并不真是小，而大事亦往往不怎么大也。

（八月二十八日再记）

【附记三】 近日承兼士见赐抄本《平蝶园先生酒话》一册，凡四十七则，不但是说酒而且又是越人所著，更是可喜。妙语甚多，今只录其第二十四则云：

> 饮酒不可猜拳，以十指之屈伸，作两人之胜负，则是争斗其民而施之以劫夺之教也。酒以为人合欢，因欢而赌，因赌而争，大杀风景矣。且所谓赢也者，以吾手指所伸之数合于彼指所伸之数，而适符吾口所猜之数，则谓之赢，反是则谓之输，然而甚无谓也。所谓赢者，其能将多馀之指悉断而去之乎？所谓输者，其能将无用之指终身屈而不伸乎？静言思之，皆不可也，皆不能也。天下得酒甚难，得酒而逢我辈饮则更难，得酒而能与我辈能饮之人共饮则尤其难。夫以难得之酒而遇难饮之人，且遇难于共饮之人，吾方喜之不遑矣，又何必毒手交争为乐耶。盘中鸡肋，

请免尊拳，无虎负嵎，不劳攘臂。

《酒话》有嘉庆癸酉自题记，又有咸丰元年辛亥朱荫培序，称从蝶园子筠士得见此稿，乃应其请写此序文。寒斋有朱君所著《芸香阁尺一书》二卷，正是平筠士所编刊者，书中收有与筠士札数通，虽出偶然，亦是难得。芸香阁原与秋水轩有连，前曾说及，今又见此序，乃知其与吾乡有缘非浅也。

（十月三十日记于北平苦住庵）

谈宴会

偶阅横井也有的俳文集《鹑衣》，十二卷中佳作甚多，读了令人垂涎，有《俳席规则》二篇，系俳谐连歌席上饮食起居的约法，琐屑有妙趣，惜多插俳句，玩索久之不敢动笔。续篇上卷有一文题曰《俳席规则赠人》，较为简单，兹述其大意云：

一、饭宜专用奈良茶，当然无汤，但如非奈良茶者，则有汤可也。

一、菜一品，鱼鸟任所有，勿务求珍奇。无鱼鸟时则豆腐茄子可也，欲辩白其非是素斋，岂不是有坚鱼其物在耶？

一、香之物不待论。

一、如有面类之设，规则亦准右文。

一、酒因杯有大小，故大户亦以二献为限。

酒之有肴，本为劝进迟滞的饮食之助，今既非寻常宴会，自无需强劝的道理。但肴虽是无用，或以食案上一菜为少，如有馈遗猎获之物，则具一品称之曰肴，亦可任主人之意。又或在雪霜夜风中为防归路的寒冷，饭后留存酒壶，连歌满卷时再斟一巡，可临时看情形定之。角觝与戏文的结末易成为喧争，俳谐集会易流于饮食，此亦是今世之常习，可为斯道叹者也。人皆以翁之奈良茶三石为口实，而知其为意旨者甚少。盖云奈良茶者，乃是即一汤亦可省的教训，况多设菜数耶。鱼生鱼脍，大壶大碗，罗列于奈良茶之食案上，有如行脚僧弃其头陀袋，却带着驮马挑夫走，须知其非本姿本情之所宜有也。汉子梅二以此事为虑，请俳席规则于予，赏其有信道之志，乃为记馔具之法以赠之①。

这里须得有些注释才行。奈良本是产茶的地方，这所谓奈良茶却是茶粥的别名，即以茶汁所煮的粥。据各务支考《俳谐十论》所记，芭蕉翁曾戏仿《论语》口调云，吃奈良茶三石而后始知俳谐之味，盖俳人常以此为食也。坚鱼和文写作鱼旁坚字，《东雅》云即《闽书》的青贯，晒肉作干名鲣节，刨取作为调味料，今北平商人称之曰木鱼，谓其坚如木。香之物

【锺校】

①“以赠之”原作“赠以之”。

即小菜，大抵以米糠和盐水渍瓜菜为之，萝卜为主，茄子黄瓜等亦可用，本系饭后佐茶之物，与中国小菜稍不同。肴字日本语原意云酒菜，故上文云云，不作普通下饭讲也。前篇上卷《俳席规则》一文中有相类似的话，可以参考：

汤一菜一，酒之肴亦以一为限，卸素斋之咎于坚鱼可也。夏必用茄子，豆腐可亘三季，香之物则不足论也。

这两篇文章前后相去有二十八年，意思却还是一样，觉得很有意思。又续篇上卷中另有规则补遗三条，其第二条云：

夜阑不可问时刻，但闻厨下鼾声，勿惊可也。

此语大有情趣，不特可补上文之阙，亦可见也有翁与俳人生活态度之一斑也。

梁葵石著《雕丘杂录》七，《闭影杂识》中有一则云：

倪鸿宝先生《五簋享式》云：饮食之事而有江河之忧，我辈不救，谁救之者。天下岂有我辈客是饮食人？诗云，以燕乐嘉宾之心，此言嘉宾，以娱其意。孔作盛馔，列惊七浆，作之惊之，是为逐客。然则约则为恭，侈反章慢，谨参往谋，条为食律。八馈裁诗，二享广易，天数地数，情文已极。彼君子兮，噬肯我适，文以美名，赏其真率。一水一山，清意下物，髡心最欢，能饮一石。五肴，二果二蔬，汤点各二，饾饤十馀，酒无算。二客四客一席，不妨五六，惟簋加大。劳从享馀酒人一斤，或钱百文，舟舆人钱五十。——此式近亦有行之者，人人称便，录以示后人，不第爱其词之古也。

明李君实著《紫桃轩又缀》卷二亦有自作《竹懒花鸟檄》，后列办法，檄文别无隽语今不录，办法首六则云：

一、品馔不过五物，务取鲜洁，用盛大墩碗，一碗可供三四人者，欲其缩于品而裕于用也。

一、攒碟务取时鲜精品，客少一合，客多不过二合。大肴既简，所恃以侑杯勺者此耳。流俗糖物粗果，一不得用。

一、用上白米斗馀作精饭，佳蔬二品，鲜汤一品，取其填然以饱，而后可从事觞咏也。

一、酒备二品，须极佳者，严至螫口，甘至停膈，俱不用。

一、用精面作炊食一二品，为坐久济虚

之需。

一、从者每客止许一人，年高者益一童子，另备酒饭给之。

倪李二公俱是明季高人，其定此规律不独为提倡风雅，亦实欲昭示质朴，但与也有翁的俳席一比较，则又很分出高下来了。板屋纸窗，行灯荧荧，缩项啜茶粥，吃豆腐茄子和腌萝卜，虽然写出一卷歪诗，也是一种雅集，比起五簋享的桌面来，大有一群叫化子在城隍庙厢下分享残羹冷炙之感，这是什么缘故呢？据我想，这一件小事却有大意义，因为即此可以看出中国明清时与日本江户时代的文学家的不同来。江户时文学在历史上称是平民的，诗文小说都有新开展，作者大抵是些平民，偶然也有小武士小官吏，如横井也有即其一人，但因为没有科举的圈子，挎上长刀是公人，解下刀来就在破席子上坐地，与平民诗人一同做起俳谐歌来，没有乡绅的架子。中国的明末清初何尝不是一个新文学时期，不过文人无论新旧总非读书人不成，而读书人多少都有点功名，总称曰士大夫，阔的即是乡绅了，他们的体面不能为文学而牺牲，只有新文艺而无新生活者殆以此故。当时出过冯梦龙金圣叹李笠翁几个人，稍为奇特一点，却已被看作文坛外的流氓，至今还不大为人所看得起，可以为鉴戒矣。长衫朋友总不能在大道旁坐小机子上或一手托冷饭一碗上蟠干菜立而吃之，至少亦须于稻地放一板桌，有鳖鱼鲞汤等四五品，才可以算是夏天便饭，不妨为旁人所见，盖亦诚不得已耳。

宋小茗著《耐冷谭》十六卷，刊于道光九年，盖系一种诗话。卷二有一则云：

康熙初神京丰稔，笙歌清宴达旦不息，真所谓车如流水马如龙也。达官贵人盛行一品会，席上无二物，而穷极巧丽。王相国胥庭熙当会，出一大冰盘，中有腐如圆月，公举手曰，家无长物，只一腐相款，幸勿莞尔。及动箸，则珍错毕具，莫能名其何物也，一时称绝。至徐尚书健庵，隔年取江南燕来笋，负土捆载至邸第，春光乍丽则出[1]之而挺爪矣。直会期乃为煨笋以饷客，去其壳则为玉管，中贯以珍羞，客欣然称饱。咸谓一笋一腐可采入食经。此梅里李敬堂大令集闻之其曾大父秋锦先生，恐其久而遂轶，录以示后人者，今其孙金澜明经遇孙检得之，属同人赋诗焉。

许壬瓠著《珊瑚舌雕谈初笔》八卷，卷七有

【锺校】

① 原无“出”字，今增。

《一品会》一则，首云“少时尝闻一久宦都中罢游林下者云”，次即直录上文，自康熙初至入食经，后又续云：“余以为迩来富贵家中一品锅亦此遗制欤。”《雕谈初笔》作于光绪九年[1]，距《耐冷谭》已五十四年矣，犹珍重如此，可知大家对于一品会之有兴味了。这种吃法实在是除了阁老表示他的阔气以外别无什么意思，单是一种变态的奢侈而已，收入食谱殆只是穷措大的幻想，有钱者不愿按谱而办，无钱者按谱亦不能办也。王徐与倪李的人品不可同日而语，唯其为读书人则一，一品会与《五簋享式》《花鸟檄》雅俗似亦悬殊，然实际上质并无不同，但量有异耳。若是俳席乃觉得别是一物，此固由日本文人的气质特殊，抑亦俳谐的趣味使然欤。

（二十六年六月二十四日）

【锺校】

① “《雕谈初笔》作于光绪九年”，原作“雕谈初作笔于光绪九年”。

谈娱乐

我不是清教徒，并不反对有娱乐。明末谢在杭著《五杂组》卷二有云：

> 大抵习俗所尚，不必强之，如竞渡游春之类，小民多有衣食于是者，损富家之羡镪以度贫民之糊口，非徒无益有损比也。

清初刘继庄著《广阳杂记》卷二云：

> 余观世之小人未有不好唱歌看戏者，此性天中之《诗》与《乐》也。未有不看小说听说书者，此性天中之《书》与《春秋》也。未有不信占卜祀鬼神者，此性天中之《易》与《礼》也。圣人六经之教原本人情，而后之儒者乃不能因其势而利导之，百计禁止遏抑，务以成周之刍狗茅塞人心，是何异塞川使之不流，无怪其决裂溃败也。夫今之儒者之心为刍狗之所塞也久矣，而以天下大器使之为之，爰以图治，不亦难乎。

又清末徐仲可著《大受堂札记》卷五云：

儿童叟妪皆有历史观念。于何征之？征之于吾家。光绪丙申居萧山，吾子新六方七龄，自塾归，老佣赵馀庆于灯下告以戏剧所演古事如《三国志》《水浒传》等，新六闻之手舞足蹈。乙丑居上海，孙大春八龄，女孙大庆九龄大庚六龄，皆喜就杨媪王媪听谈话，所语亦戏剧中事。杨京兆人，谓之曰讲古今；王绍兴人，谓之曰说故事。三孩端坐倾听，乐以忘寝。珂于是知戏剧有启牖社会之力，未可以淫盗之事导人入于歧途，且又知力足以延保姆者之尤有益于儿童也。

三人所说都有道理，徐君的话自然要算最浅，不过社会教育的普通话。刘君能看出六经的本相来，却是绝大见识，这一方面使人知道民俗之重要性，别一方面可以少开儒者一流的茅塞，是很有意义的事。谢君谈民间习俗而注意经济问题，也很可佩服，这与我不赞成禁止社戏的意思相似，虽然我并不着重消费的方面，只是觉得生活应该有张弛，高攀一点也可以说不过是柳子厚《题毛颖传》里的有些话而已。

我所谓娱乐的范围颇广，自竞渡游春[1]以至讲古

【锺校】

①“春”原作“者”。

今，或坐茶店，站门口，嗑瓜子，抽旱烟之类，凡是生活上的转换，非负担而是一种享受者，都可算在里边。为得要使生活与工作不疲敝而有效率，这种休养是必要的。不过这里似乎也不可不有个限制，正如在一切事上一样，即是这必须是自由的，不，自己要自由，还要以他人的自由为界。娱乐也有自由，似乎有点可笑，其实却并不然。娱乐原来也是嗜好，本应各有所偏爱，不会统一，所以正当的娱乐须是各人所最心爱的事，我们不能干涉人家。但人家亦不该来强迫我们非附和不可。我是不反对人家听戏的，虽然这在我自己是所厌恶的东西之一，这个态度至少在最近二十年中一点没有改变。其实就是说好唱歌看戏是性天中之《诗》与《乐》的刘继庄，他的态度也未尝不如此，如《广阳杂记》卷二有云：

> 饭后益冷，沽酒群饮，人各二三杯而止，亦皆醺然矣。饮讫，某某者忽然不见，询之则知往东塔街观剧矣。噫，优人如鬼，村歌如哭，衣服如乞儿之破絮，科诨如泼妇之骂街，犹有人焉冲寒而久立以观之，则声色之移人固有不关美好者矣。

又卷三云：

> 亦舟以优觞款予，剧演《玉连环》，楚人强

作吴歈，丑拙至不可忍。予向极苦观剧，今值此酷暑如焚，村优如鬼，兼之恶酿如药，而主人之意则极诚且敬，必不能不终席，此生平之一劫也。

刘君所厌弃者初看似是如鬼之优人，或者有上等声色亦所不弃，但又云向极苦观剧，则是性所不喜欢也。有人冲寒久立以观泼妇之骂街，亦有人以优觞相款为生平一劫，于此可见物性不齐，不可勉强，务在处分得宜，趋避有道，皆能自得，斯为善耳。不佞对于广阳子甚有同情，故多引用其语，差不多也就可以替我说话。不过他的运气还比较的要好一点，因为那时只有人请他吃酒看戏，这也不会是常有的事，为敷衍[①]主人计忍耐一下，或者还不很难，几年里碰见一两件不如意事岂不是人生所不能免的么。优觞我不曾遇着过，被邀往戏园里去看当然是可能的，但我们可以谢谢不去，这就是上文所说还有避的自由也。譬如古今书籍浩如烟海，任人取读，有些不中意的，如卑鄙的应制宣传文，荒谬的果报录，看不懂的诗文等，便可干脆抛开不看，并没人送到眼前来，逼着非读不可。戏文是在戏园里边，正如鸦片是在某种国货店

【锺校】

①“衍”原作“衎”。

里，白面在某种洋行里一样，喜欢的人可以跑去买，若是闭门家里坐，这些货色是不会从顶棚上自己掉下来的。现在的世界进了步了，我们的运气便要比刘继庄坏得多，盖无线电盛行，几乎随时随地把戏文及其他擅自放进人[①]家里来，吵闹得着实难过，有时真使人感到道地的绝望。去年五月间我写过一篇《北平的好坏》，曾讲到这件事，有云：

> 我反对旧剧的意见不始于今日，不过这只是我个人的意见，自己避开戏园就是了，本不必大声疾呼，想去警世传道，因为如上文所说，趣味感觉各人不同，往往非人力所能改变，固不特鸦片小脚为然也。但是现在情形有点不同了，自从无线电广播发达以来，出门一望但见四面多是歪斜碎裂的竹竿，街头巷尾充满着非人世的怪声，而其中以戏文为最多，简直使人无所逃于天地之间，非硬听京戏不可，此种压迫实在比苛捐杂税还要难受。

我这里只举戏剧为例，事实上还有大鼓书，也为我所同样的深[②]恶痛绝的东西。本来我只在友人处听

【锺校】

① “人”原作“入”。

② 原无“深”字，今增。

过一回大鼓书，留声机片也有两张刘宝全的，并不觉得怎么可厌。这一两个月里比邻整夜的点电灯并开无线电，白天则全是大鼓书，我的耳朵里充满了野卑的声音与单调的歌词，犹如在头皮上不断的滴水，使我对于这有名的清口大鼓感觉十分的厌恶，只要听到那崩崩的鼓声，就觉得满身不愉快。我真个服这种强迫的力量，能够使一个人这样确实的从中立转到反对的方面去。这里我得到两个教训的结论。宋季雅曰，百万①买宅，千万买邻。这的确是一句有经验的话。孔仲尼曰，己所不欲，勿施于人。这句话虽好，却还只有一半，己之所欲勿妄加诸人，也是同样的重要。我愿世人于此等处稍为吝啬点，不要随意以钟鼓享爰居，庶几亦是一种忠恕之道也。

（二十六年六月二十三日于北平）

【镭校】

①"百万"上原衍"一"字，已删。

谈混堂

黄公度著《日本杂事诗》卷二有一首云：

兰汤暖雾郁迷离，背面罗衫乍解时，

一水盈盈曾不隔，未销金饼亦偷窥。

原注云："喜洁，浴池最多。男女亦许同浴，近有禁令，然积习难除，相去仅咫尺，司空见惯，浑无惭色。"《日本国志》中《礼俗志》四卷赡详可喜，未记浴池，只有温泉一条。据久松祐之著《近世事物考》云：

天正十九年辛卯（一五九一）夏在今钱瓶桥尚有商家时，有人设浴堂，纳永乐钱一文许入浴，是为江户汤屋之始。其后至宽永时，自镰仓河岸以至各处均有开设，称风吕屋。又有汤女者，为客去垢洗发，后乃渐成为妓女，庆安时有禁令，此事遂罢。

因为一文钱一浴，日本至今称为钱汤，汤者

热[1]水沸水义，与孟子冬日则饮汤意相合。江户（今东京）开设浴堂在丰臣秀吉之世，于今才三百馀年，汤屋乃遍全国，几乎每条街有一所，可与中国东南之茶馆竞爽矣。文化六年（一八〇九）式亭三马著滑稽本《浮世风吕》初编二卷，写浴客谈笑喧争情形，能得神似，至今传诵，二三编各二卷，写女客事，四编三卷，此与初编皆写男子者也。盖此时入浴已成为民间日常生活之一部分，亦差不多是平民的一种娱乐，而浴堂即是大家的俱乐部，若篦头铺乃尚在其次耳。天保五年（一八三四）寺门静轩著《江户繁昌记》二篇有《混堂》一则，原用汉文所书，有数处描写浴客，虽不及三马俗语对话之妙，亦多谐趣，且可省移译，抄录于下：

外面浴客，位置占地，各自磨垢。一人拥大桶，令爨奴巾背。一人挟两儿，慰抚剃头，弟手弄陶龟与小桶，兄则已剃在侧，板面布巾，舒卷自娱。就水舟漱，因睨窥板隙，盖更代藩士，踞隅前盆，洗濯犊鼻，可知旷夫。男而女样，用糠精涤，人而鸦浴，一洗径去。（省略十六字。）醉

【锺校】

①“热”原作“熟”。

客嘘气，熟[1]柿送香，渔商带膻，干鱼曝臭。一环臂墨，若有所掩，满身花绣，似故示人。一泼振衣，不欲受汶汶也，赤裸左侧，恶能浼乎。浮石摩踵，两石敲毛，披衣剪爪，干身拾虱。

又云：

水泼桶飞，山壑将颓。方此时也，汤滑如油，沸垢煎腻，衣带狼藉，脚莫容投，盖知虱与虱相食。女汤亦翻江海，乳母与愚婆喋喋谈，大娘与小妇聒聒话。饱骂邻家富贵，细辩伍间长短。讪吾新妇，诉我旧主。金龙山观音，妙法寺高祖，并才及其灵验，邻家放屁亦论无遗焉。

中国只看过一篇《混堂记》，见于《岂有此理》卷一，系周竹君所作，《韵鹤轩杂著》中曾加以赞许。其文云：

甃大石为池，穹幕以砖，凿与池通，辘轳引水，穴壁而贮焉，析薪燃火，顷成沸汤。男子被不洁者，肤垢腻者，负贩屠沽者，疡者，疕者，痈者，纳钱于主人，皆得入澡焉。且及暮，络绎而至，不可胜计。蹴之则泥滓可掬，腥膻臊秽，

【锺校】

①“熟”原作“热”。

不可向迩，为士者间亦蹈之。彼岂不知污[1]耶，迷于其称耶，习于俗而不知怪耶，抑被不洁肤垢腻者负贩屠沽者疡者疕者痈者果不相浼耶？抑溺于中者目不见，鼻不闻，心愦愦而不知臭耶？倘使去薪沃釜，与沟渎之水何异焉，人孰从而趋之。趋之，趋其热也。乌呼，彼之所谓堂者，吾见其混而已矣。

此篇近古文，有寓意，人以为佳却亦即其缺点，唯前半记事可取耳。《江户繁昌记》中亦有一节云：

混堂或谓汤屋，或呼风吕屋。堂之广狭盖无常格，分画一堂作两浴场，以别男女，户各一，当两户间作一坐处，形如床而高，左右可下，监此而收钱戒事者谓之番头。并户开牖，牖下作数衣阁，牖侧构数衣架，单席数筵，界筵施阑，自阑至室中溜之间尽作板地，为澡洗所，当半通沟，以受馀汤。汤槽广方九尺，下有灶爨，槽侧穿穴，泻汤送水，近穴有井，辘轳上水。室前面涂以丹雘，半上牖之，半下空之，客从空所俯入，此谓柘榴口。牖户画以云物花鸟，常闭不

【锺校】

①“污”原作“汙”。

启，盖蓄汤气也。别蓄净汤，谓之陆汤，爨奴秉杓，谓此处曰呼出，以奴出入由此也。奴曰若者，又曰三助，今皆僭呼番头，秉杓者曰上番，执爨者曰爨番，间日更代。又蓄冷水，谓之水舟，浮斗任斟。陆汤水舟，男女隔板通用焉。小桶数十，以供客用，贵客别命大桶，且令奴摩澡其脊，乃睹其至。番公柝报，客每届五节，投钱数缗酬其劳云。堂中科目大略如左，曰：官家通禁，宜固守也；男女混浴之禁，最宜严守；须切戒火烛；甚雨烈风，收肆无定期；老人无子弟扶者，谢浴焉；病人恶疾并不许入，且禁赤裸入户，附手巾罩颊者。月日，行事白。

静轩写此文虽在百年前，所记浴堂内部设备与现今并无多少不同，唯浴槽上部的柘榴口已撤除，故浴客不必再俯首出入了。陆汤水舟男女隔板通用，在明治年中尚是如此，现在皆利用水道，只就壁间按栓便自泻出，故上番已无用处。三助则专为人撮澡，每次给资与浴钱同价，不复论节酬劳矣。浴场板地今悉改为三和土，据说为卫生计易于洁治，唯客或行或坐都觉得粗糙，且有以土亲肤之感，大抵中年人多不喜此，以为不及木板远甚。浴钱今为金五钱，值中国钱五分，别无官盆名目，只此一等，正与中国混堂相当，但浴法较好，故浑浊不甚。日本人浴者先汲汤淋身，浸槽内少顷，出至浴场搓洗，迨洗濯尽净，始再入槽，以为例。至晚间客众，固亦难免有足莫容投之感，好清净者每于午前早去，则整洁与自宅浴室不殊，而舒畅过之。日本多温泉，有名者如修善寺别府非不甚佳，平常人不能去。投五分钱入澡堂一浴，亦是小民之一乐，聊以偿一日的辛劳也。男女浑浴在浴堂久有禁令，唯温泉旅馆等处仍有之，黄公度诗注稍嫌笼统，诗亦只是想象的香艳之作，在杂事诗中并非上乘。日本人对于裸体的观念本来是颇近于健全的，前后受了中国与西洋的影响，略见歪曲，于德川中期及明治初的禁令可见，不过他比在儒教和基督教的本国究竟也还好些，此则即在现今男女分浴的混堂中亦可见之者也。

（七月十二日）

谈食鳖

方濬师著《蕉轩杂录》卷八有《使鳖长而后食》一则云：

缙云氏有不才子，贪于饮食，谓之饕餮，甚矣饮食之人则人贱之也。鲁公父文伯饮南宫敬叔酒，以露睹父为客，羞鳖焉，小，睹父怒，相延食鳖，辞曰，将使鳖长而后食之，遂出。酒食所以合欢，文伯与敬叔两贤相合，不知何以添此恶客，真令人败兴。

案此事见《国语》五《鲁语》下。《左传》宣公四年也有一件好玩的事：

楚人献鼋于郑灵公。公子宋与子家将见，子公之食指动，以示子家曰，他日我如此，必尝异味。及入，宰夫将解鼋，相视而笑，公问之，子家以告，及食大夫鼋，召子公而弗与也，子公怒，染指于鼎，尝之而出。

这因后来多用食指动的典故的关系吧，知道的人很多，仿佛颇有点幽默味，但是实在其结果却很严重，《左传》下文云：

> 公怒，欲杀子公。子公与子家谋先，子家曰，畜老犹惮杀之，而况君乎。反谮子家，子家惧而从之。夏，弑灵公。

《国语》也有下文，虽然没有那么严重，却也颇严肃。文云：

> 文伯之母闻之怒曰，吾闻之先子曰，祭养尸，飨养上宾，鳖于何有，而使夫人怒也。逐之，五日，鲁大夫辞而复之。

《列女传》卷一母仪传“鲁季敬姜”条下录此文，加以断语云：

> 君子谓敬姜为慎微。诗曰，我有旨酒，嘉宾式宴以乐，言尊宾也。

关于子公子家的事《左传》中也有君子的批评，《东莱博议》卷廿五又有文章大加议论，这些大概都很好的，但是我所觉得有意思的倒还在上半的故事，睹父与子公的言行可以收到《世说新语》的忿狷门里去，似乎比王大王恭之流还有风趣，王蓝田或者可以相比吧。方子严大不满意于睹父，称之为恶客，我的意思却不如此，将使鳖长而后食之，不但语妙，照道理讲也并不错。查《随园食单》水族无鳞单中列甲鱼做法六种，其“带骨甲鱼”下有云：

甲鱼宜小不宜大，俗号童子脚鱼才嫩。

侯石公的话想必是极有经验的，或可比湖上笠翁，但如此精法岂不反近于饕餮欤。凡是吃童子什么，我都不大喜欢，如童子鸡或曰笋鸡者即是其一，无论吃的理由是在其嫩抑在其为童也，由前说固未免于饕餮之讥，后者则又仿佛有采补[1]之遗意矣。不佞在三年前曾说过这几句话：

我又说，只有不想吃孩子的肉的才真正配说救救孩子。现在的情形，看见人家蒸了吃，不配自己的胃口，便嚷着要把它救了出来，照自己的意思来炸了吃。可怜人这东西本来说难免被吃的，我只希望人家不要把它从小就栈起来，一点不让享受生物的权利，只关在黑暗中等候吃肥了好吃或卖钱。旧礼教下的卖子女充饥或过瘾，硬训练了去升官发财或传教械斗，是其一，而新礼教下的造成种种花样的使徒，亦是其二。我想人们也太情急了，为什么不能慢慢地来，先让这班小朋友去充分的生长，满足他们自然的欲望，供

【锺校】

①“补”原作“捕”。

给他们世间的知识，至少到了学业完毕，那时再来诱引或哄骗，拉进各帮去也总还不迟。

我这些话说得有点罗里罗嗦，所讲又是救救孩子的问题，但引用到这里来也很可相通，因为我的意思实在也原是露睹父的将使鳖长而后食之这一句话而已。再说请客食鳖而很小，也自难免有点儿吝啬相。据随园说山东杨参将家制全①壳甲鱼法云：

甲鱼去首尾，取肉及裙加作料煨好，仍以原壳覆之，每宴客，一客之前以小盘献一甲鱼，见者悚然，犹虑其动。

这种甲鱼虽小，味道当然很好，又是一人一个，可以够吃了，公父文伯的未必有如此考究，大约只是在周鼎内盛了一只小鳖，拿出来主客三位公用，那么这也难怪尊客的不高兴了。请客本是好事，但如菜不佳，骨多肉少，酒淡等等，则必为客所恨，观笑话中此类颇多，可以知之，《随园食单》即记有一则，《笑倒》中则有四五篇。吝啬盖是笑林的好②资料，只关于饮食的如不请客，白吃，肴少等皆是，奢侈却不是，殆因其有雄大的气概，与笑话的条件不合耳。文

【锺校】

①“全”原作“金”。

②“好”原作“如”。

伯的鳖小，鳖还是有的，郑灵公的鼋则煮好阁在一旁，偏不给吃，乃是大开玩笑了，子公的染指于鼎尝之而出有点稚气好笑，不能成为笑话，实在只是凡戏无益的一件本事而已。《左传》《国语》的关系至今说不清楚，总之文章都写得那么好，实在是难得的，不佞喜抄古今人文章，见上面两节不能不心折，其简洁实不可及也。

谈搔痒

周栎园著《书影》卷四有一则云：

有为爬痒廋[1]语者，上些上些，下些下些，不是不是，正是正是。予闻之捧腹，因谓人曰，此言虽戏，真可喻道。及见杨道南《坐坐爬痒口号》云，手本无心痒便爬，爬时轻重几曾差，若还不痒须停手，此际何劳分付他。

焦弱侯和之云，学道如同痒处爬，斯言犹自隔尘沙，须知痒处无非道，只要爬时悟法华。栖霞寺云谷[2]老衲曰，二先生不是门外汉。予谓二公之言尚落拟议，不若廋辞之当下了彻也。

《北平笺谱》卷一载淳菁阁罗汉笺十六幅，末幅画一人以爪杖搔背，题词云：

【锺校】

①“廋”原作“庾”。

②“谷”原作“各”。

上些不是，下些不是。搔着恰当处，惟有自己知。

这里不是谜语，说得更为明白，意思却是一样，未必真能喻道，或者可以作学与文的一个说明罢。梁清远著《雕丘杂录》卷十七《啬翁檠史》中有一则云：

人之于学虽根器不同，要须自证自悟始得，靠人言语，终落声闻。故程氏云，不能存养，只是说话。而佛氏亦云，自悟修行，不在于诤。吾夫子云，朝闻道。亦自闻耳，不待人也。

故曰，说食不饱。

普通常引《传灯录》里所说，如人饮水，冷暖自知。二语自多风趣，但搔痒之喻更为直截明了，自证自悟，正是如此耳。俗称议论肤泛为隔靴搔痒，又笑话中说胡涂人搔同卧者腿至于血出，都也说得有意义，盖如世人所说，痛可熬痒不可熬，痒得搔是大快乐，而过中又与痛邻，其间煞费斟酌也。《太平御览》三百七十引《列异传》云：

神仙麻姑降东阳蔡经家，手爪得四寸。经意曰，此女子实好佳手，愿得以搔背。麻姑大怒，忽见经顿地两目流血。

神仙发怒固然难怪，蔡经见长爪而思搔痒，虽未免不敬，却也是人情。曹庭栋著《老老恒言》卷三杂器条下有“隐背”一则，文云：

隐背，俗名搔背爬，唐李泌取松樛枝作隐背，是也。制以象牙或犀角，雕作小兜扇式，边薄如爪，柄长尺馀，凡手不能到，持此搔之，最为快意。有以穿山甲制者，可解癣痒，能解毒。

据《格致镜原》五十八引《稗史类编》转引《释藏音义指归》云：

如意者古之爪杖也，或用竹木削作人手指爪，柄可长三尺许，或背脊有痒，手不到，用以搔爬之，如人之意。

又《云仙散录》中有“陶家瓶馀事”一则云：

虞世南以犀如意爬痒久之，叹曰，妨吾声律半工。

以如意为搔背具颇有意思，虽然一般对于如意的解说并不如此，如屠隆著《考槃馀事》卷四文房器具笺云：

如意，古人用以指画向往或防不测①，炼铁为之，长二尺有奇，上有银错，或隐或现。近有天生树枝竹鞭，磨弄如玉，不事斧凿者，亦佳。

又游具笺“衣匣”下云：

【锺校】

①“测”原作“侧”。

> 匣中更带搔背竹钯并铁如意，以便取用。

可见如意与爪杖分而为二。宋释道诚著《释氏要览》卷中云：

> 如意梵云阿那律，秦言如意。指归云云，故曰如意。诚尝问译经三藏通梵大师清沼，字学通慧大师云胜，皆云，如意之制盖心之表也，故菩萨皆执之，状如云叶，又如此方篆书心字故，若局爪杖者，只如文殊亦执之，岂欲搔痒也。又云，今讲僧尚执之，多私记节文祝辞于柄，备于忽忘，要时手执目对，如人之意，故名如意，若俗官之手板，备于忽忘，名笏也。若齐高祖赐隐士明僧绍竹根如意，梁武帝赐昭明太子木犀如意，石季伦王敦皆执铁如意，此必爪杖也。因斯而论，则有二如意，盖名同而用异也。

诚公所说大抵是对的，有如高僧或是仙人手执拂子，成为一种高贵法物，但其先本只是蝇拂耳，在俗人房中仍用以赶蚊子，儿时见有批棕榈叶为之者，制甚古朴，实胜于马尾巴也。讲经时的如意今已不见，搔背竹钯则仍甚通行。日本寺岛良安编《和汉三才图会》卷二十六爪杖下云：

> 案爪杖用桑木作手指形，所以自搔背者，俗谓之麻姑手。麻姑，仙女名也，《五车韵端》载

麻姑山记云，王方平降蔡经家，召麻姑至，年若十七八女子，指爪长数寸，经意其可爬痒，忽有铁鞭鞭其背，以此故事名耳。

麻姑手读作 Makonote，今音转为 Magonote，可解作孙儿手，或与老人更为适切，但其原语盖出于麻姑，古今解说均如此云。北平市上今亦有售者，竹制如手状而多有六指，虬角制者稍佳，但所谓化学制造者品终不高耳。此物终古流行，可知搔痒之亦是一急务也。《释氏要览》卷下论剪爪引《文殊问经》云："爪许长一横麦，为搔痒故。"此意甚可喜。释家戒律虽极严密，却亦多顺人情处。《礼记》内则中记子妇在父母舅姑之所的规矩，有"痒不敢搔"之语，殊令人有点为难，想起王景略辈时更不禁深为同情也。

【附记】 吾乡茹三樵著《越言释》二卷，卷下有乖脊一条，即是释痒字者，其文云：

曰乖曰脊，皆背也，而今人谓痒曰乖脊，以痒不可受而背痒为尤甚也，所以背痒谁搔，汉光武至形之诏旨，为能极人情之至。然头痒而曰头乖脊，脚痒而曰脚乖脊，未免失其义矣。或曰疥脊也，凡牛马驴骡之属多疥其脊，即《传》所谓瘯蠡者。或又以疥终不可以为乖，则又以乖加痱，今字书有痱字，则愈求而愈远。又痒亦作癢，其实只是养，诗言中心养养是也。古人往来通问必曰无恙，恙者病也，或曰恙者虫也。然物不病不痒，不虫亦不痒。蛘，搔蛘也。

茹君以易学名家，著有《周易二闾记》等十馀种，唯不佞最喜此《越言释》，曾得乾隆原刻，又光绪中啸园葛氏刊巾箱本，据杜尺庄道光中原序知当时尚有家一斋公刊本，即葛氏所从出，惜未能得。以背痒释俗语乖脊之义，很有意思，唯越语亦有分别，搔痒云搔乖脊，若呵痒则仍曰呵痒，故乖脊与痒是两种感觉，此在别的地方不知如何分说也。

（二十六年八月三十一日再记）

【案】梁山舟《频罗庵遗集》卷七有《不求人铭》三首，即咏爪杖者，此名亦自佳，但少风趣而有头巾气，不及如意远矣。编校时记。

谈过癞

近日报上载广东消息，云官厅派军警[1]捕癞病人，钉镣收禁。那时我有点忙，虽然觉得这条新闻很好玩，却没有剪存，现在已无可查找，想起来大是可惜。后来听说有人去电反对，似乎事出有因，一面又报告说正在筹十四万元建造[2]麻疯院，那么又是查无实据了。到底怎样我们也无从知道，不过社会上总是很热闹，大家有了谈资，何妨就谈谈呢？中国人对于病与药似乎不很有正当的常识，但是关于这些的奇异的轶闻却是记得不少，讲到癞病也是如此，所以这回看大家顶爱谈的便是过癞的故事。四月二十七日《实报》的“美的新闻”栏的文章题曰“麻疯传遍粤中”。其文云：

【锺校】

①“派军警”原作“警派军”。

②“造”原作“告”。

粤省最近麻疯症流行甚烈，有人主张仿照西洋取缔劣等民族办法，一律处以枪决，律师叶夏声曾经通电反对。有假令父母染此种病，为子者亦将坐视其枪毙欤？粤中人士对此问题聚讼纷纭，大有满城风雨之概。粤主席吴铁城下车伊始，主张以人道立场，科学的精义，审慎设法，尽心疗治，刻正延聘专家着手筹备中。

据闻粤省麻疯所以盛行者，系因该地气候湿热，岚瘴蒸郁所致，闽省亦有此病，但不及粤省之蔓延。此症男女均有，至相当时间全身臃肿，奇痒难熬，驯至于死。其传染也，饮食方面绝无关系，然男不传男，女不传女，必异性始传，又必交媾始传。设有一麻疯女子交接无麻疯症之男子经过十人以上者，该女病必全愈。粤中俗谚有云，疯女不落河（河指珠江[①]言），粤中勾栏妓女多在船上操业，所谓旖旎春色满珠江，二八珠娘艳似花也，如有麻疯病之女，船家则不许入船，设有疯病男客与无疯病妓女交合，则此妓必成为疯女矣。吴铁城现已组织麻疯疗养院，慈悲菩提，甘露遍洒。

【锺校】

①“江”原作“红”。

对于这篇文章不想说别的，只注意这里边的一点，即云癞病必异性始传，以及疯女可以将病传给男子而自己病愈，这事有一个术语，叫做①过癞。这过癞的传说大约是古已有之，不过我寡闻又健忘，不能穷源竟委的说出来，只能就手边的书里抄出一二以为例证。康熙庚辰屈翁山著《广东新语》卷七“人语”中有“疯人”二则，其第一条云：

粤中多疯人。仙城之市多有生疯男女行乞道旁。秽气所触，或小遗于道路间，最能染人成疯。高雷间盛夏风涛蒸毒，岚瘴所乘，其人民生疯尤多，至以为祖疮，弗之怪。当垆妇女皆系一花绣囊，多贮果物，牵人下马献之，无论老少估人，率称之为同年，与之谐笑。有为五蓝号子者曰，垂垂腰下绣囊长，中有槟门花最香，一笑行人皆下骑，殷勤紫蟹与琼浆，盖谓此也。是中疯疾者十而五六，其疯初发未出颜面，以烛照之，皮内赪红如茜，是则卖疯者矣。凡男疯不能卖于女，女疯则可卖于男，一卖而疯虫即去，女复无疾。自阳春至海康六七百里，板桥茅店之间，数钱妖冶，皆可怖畏，俗所谓过癞者也。疯为大

【锺校】

① “叫做”原作“做叫”。

> 癞，虽由湿热所生，亦传染之有自，故凡生疯则其家以小舟处之，多备衣粮，使之浮游海上，或使别居于空旷之所，毋与人近，或为疯人所捉而去，以厚赂遗之乃免。广州城北旧有发疯园，岁久颓毁，有司者倘复买田筑室，尽收生疯男女以养之，使疯人首领为主，毋使一人阑出，则其患渐除矣，此仁人百世之泽也。

乾隆中李雨村抄录《新语》中文为《南越笔记》十六卷，刻入《函海》中，卷七有“疯人”一则，与上文全同，唯删去末八字耳。道光庚戌陈炯斋著《南越游记》三卷，卷二有“疠疡传染”一则，亦是讲癞病者，文云：

> 东南地气卑湿，居人每有疠疡之疾，岭外呼为大麻疯。是疾能传染，致伤合家，得之者人皆憎恶，见绝于伦类。颠连无告至此极矣。广潮二州旧有麻疯院，聚其类而群处焉，有疯头领之。其中疯人有一世二世三世者，疯头以次为之婚配，毋使紊，三世者生子，其疯已绝，遂得出院，谚所谓麻疯不过三代也。疯人面目臃肿，手足溃烂，见之令人欲呕。疯女则颜色转形华润，外无所见，往往华容靓饰，私出诱人野合，无知恶少误犯之，传染其毒，中于膏肓，不旋踵四肢

奇痒，尽代其疯，而疯女宿疾若失，转为常人。道光辛丑英夷犯粤，调集各直省兵，湖南来者凶悍不法，粤民切齿，阴遣疯女诱与淫荡，于是溃痈被体，死相踵者过半，馀多阵亡，获归者不数十人。

光绪丙子陈子厚著《岭南杂事诗抄》八卷，卷五有“卖疯”一首云：

桃花莫误武陵源，卖却疯时了夙冤，
也是贪欢留果报，追回头已累儿孙。

注云：

粤中大麻疯传染三代。有是疾妇女每求野合，移毒于人，谓之卖疯。《两般秋雨庵随笔》载珠江之东有寮曰疯墩，以聚疯人。有疯女貌娟好，日荡小舟卖果饵以供母，娼家艳之，啖母重利迫女落籍。有顺德某生见女深相契合，定情之夕女峻拒不从，以生累世遗孤，且承嗣族叔故也，因告之疾，相持而泣。生去旬馀再访之，则女于数日前为生投江死矣，生大恸，为封其墓，若伉俪然。番禺孝廉黄容石玉阶作歌纪其事。

这里最妙的却要算许壬瓠，他在光绪癸未著《珊瑚舌雕谈初笔》八卷，卷一中有“过癞”一则云：

道光中年广东林仰山观光贰尹莅斯土，时有

范上舍以事相见，叩以广东有过癞之说确否，林力言无之，斥为荒诞，当时人谓范盍将吴青坛《岭南杂记》凿凿可据者证之。案记云：潮州大麻疯极多，官为设立麻疯院，在凤皇山上，聚麻疯者其中，给以口粮，有麻疯头治之，其名亚胡，衣冠济楚，颇为饶富。人家有吉凶之事，疯人相率登门索钱索食，少则骂詈，必先赂亚胡求片纸粘门，疯人即不敢肆。院中有井名凤皇井，甘洌能愈疾，疯者饮之即能不发，肌肉如常，若出院不饮此水即仍发矣。入院游者，疯头特设净舍净器以款之。其中男女长成，自为婚匹，生育如恒人。疯女饮此井水而姿色倍加光丽，设有登徒犯之，次日其女宿疾爽然若失，翩然出院，即俗所谓过癞也。登徒子侵染其毒，不数日须眉脱落，肢节溃烂而死。然则林公当时何必讳言，抑亦不自知耶。余则曰，林范两失之，范于官长毫无避忌，而林当婉讽其不恭，庶几自惭①鄙俗焉。后见《说郛》载“过癞”云：癞虫自男女精液中出，故此脱彼染甚易。若男欲除虫，用荷叶裹阳纳女阴中，既输泄即抽出叶，精与虫悉在其

【锺校】

①“惭”原作“渐”。

中，即弃之，精既不入女阴宫中，女亦无害也。若女欲除虫则未详。想林贰尹范上舍于此种书或皆未之见耶。

我找到的材料实在太少，虽然抄起来已经觉得很多了。在这点材料里我们可以看出：第一，这有一个很长的传统，从清康熙三十九年至民国二十六年，这其间足足有二百三十七年的光阴，可是这过癞的传说一直存在，虽然说得互有出入而其神奇则一。前二百年可以说是无怪的，庚子年还有白莲教的义合神兵之役，一切哪可深求。近三十年似乎有点不应该了，在这时代中国岂不是一个复兴的民族，正将改造旧有的文化以适应现代的需要的么？那么至少关于生活最切要的事情总当加以改进，如医即其一。不佞于中外医道都无关系，说起来却不免有一种感慨。中国与日本不同，不是由本国医生自发研究，由玄学的旧法转入科学的新法，所以只有前后两期而无东西两派，乃是别由外国医生来宣传传授，结果于玄学的中医外新添了科学的西医，于是两方面对立至今。而民间因为西医的费用太大，中医的说法好玩，江湖派的郎中乃被尊为国医，不但主宰人民的命，还连带的影响到文化界去，直接间接的培养着许多荒唐思想与传说，所谓过癞即是一个好例。一八七九年（清光绪五年己卯）

汉生发现了癞病菌以来，癞病的性质情形已都明了，虽然仍觉得可怕，却已完全失掉了神秘性了。据说日本现在公立私立的癞病院共有十四所，可见这种病人也还不少，可是我不曾在文字上或口头听到这类奇谈，以浅陋所及也不知道在古时有过癞之说，那么这好像只是中国所独有，这岂不更是奇哉怪哉么。

我于医学完全是门外汉，但是我觉得在我们贫弱的常识里关于医——包括生理和病理的一部分实在是必要，无论如何总俭省不得。癞病这东西，好像芒果似的，在市面上少碰见，似乎不知道也无关宏旨，但在要谈过癞的时候知道一点也好，因为这样便可以辨别此说之是否真实。据医书上说，癞病是属于皮肤病项下，病菌已发现，其发病由于直接传染，不由遗传，故三代之说不可信。癞病潜伏期颇长，或云数月或云数年，不能确知，在皮肤感觉异常以至发生红斑之前无从知其生癞否，故屈翁山所描写的数钱妖冶虽文词颇妙而事实可疑。病菌常在皮下，唯亦蔓延各处粘膜等部，交接自属传染之一妙法，但未必限于异性，如梅毒亦是如此。把自己的病由交接传染给别人，其结果只是加添了一个病人而已，自己不能就此痊愈，这也可以用梅毒为例，癞不能单独过得去也。民间相信有法术医病，纸上写“重伤风出卖”，裹一钱弃置路旁，或写“风眼出卖”贴墙上，我就曾经遇见过，在我未必买了回去，而那位卖主大约也仍旧伤他的风以至自己就痊，盖法术自法术而病自病也。若是传染病而肯牺牲色相以出卖，则买者自当不至空手而回，卖主的结果却还是一样，病菌殆如聚宝盆，用之不竭，又如俗传打油诗所云，此物亦是卖了依然在者也。总之癞病只是一种恶性的传染病，固为现在还没有找出疗法，所以特别觉得讨厌，古人称之曰恶疾，倒是顶不错的。他的传染径路由于直接接触，也与别的有些传染病并无差异，传染之有入无出亦正是一定的例，此乃无可疑者。若那些奇异的传说虽或出于古人的大著，或有软性的情趣，为大众所珍赏，但荒唐无稽，与事理不合，为真实计固当加以订正，即以随笔文学论，亦无足取，其唯一的用处殆只在于留供不佞写笔记之资料而已。

前几年有外国人写一本书论中国的国民性，说中国人念念不忘两性之事，即如吃笋，盖即为其有所象征云云。妙语解颐，似有心病者，一时传为笑柄。这人的笋说不佞实在不敢赞一辞，不过中国人对于两性之事有点神经过敏这倒似乎并非全是虚假，例如过癞传说就是其一。这一个故事为什么那么津津乐道的呢？自本地的屈翁山以至外江佬，自康熙以至现在，据许壬瓠说则《说郛》中已有，因为无从查原书，暂且不算，难道是陶南村自己说的么？这个原因大约第一是香艳，而第二是离奇。据说除斯替文生是例外，没有女人不成小说，这本来也是平常的事，中国的例未免倾于太过，盖常由细腰而至于小脚也。谈奇说怪亦是人情，中国又往往因此而至破弃真实，此诚可谓之嗜痂不惜流血矣。见人谈冬虫夏草引近出《中国药学大辞典》，举植物学上学名，而仍云西人说误，根据乾隆辛亥徐后山著《柳崖外编》卷二所记云，“交冬草渐萎黄，虫乃出地蠕蠕而动，其尾犹簌簌然带草而行”，以为这的确是冬虫而夏草。以故事论柳崖的确说得好玩，若说事实不但草系寄生已经查明，即用情理推测，头入地尾生草之虫不知如何再钻出来，冬天草枯而蛴螬似的虫乃能蠕蠕爬行，均有讲不通之处。今者中国药学者乃不信菌学书而独取百馀年前的小说家言，此无他，亦因其神奇可喜耳。我读近代笔记，见讲掌故颂功德者已是上乘，一般多喜谈妖异说果报，不禁叹息，觉得关系非细，却无挽救之法。近二十年普通教育发达而常识与趣味似无增进，盖旧染之污深矣。一两年前国内忽有科学小品的声浪发生，倒是一种好现象，至少可以灌一点新鲜空气进来，可是后来这声浪不知为何又消沉下去了，科学小品有没有出过几册我也无从再去打听，如不是为的流行已经过去，有别的招牌要挂了，那么大约也因为大众不需要的缘故吧。总之中国不会有这宗科学小品，仿佛是命里注定似的。医学者不出来写关于癞病之类的说明文章，确是比不佞更是既明且哲也。

（二十六年四月二十九日，于北平苦住庵）

女人骂街

阅《犊鼻山房小稿》，只有《东游笔记》二卷，记光绪辛巳壬午间从湖南至江苏浙江游居情况，不详作者姓氏，文章却颇可读。下卷所记以浙东为主，初游台州，后遂暂居绍兴一古寺中，十一月中有记事云：

戊申，与寺僧负暄[①]楼头。适邻有农人妇曝菜篱落间，遗失数把，疑人窃取之，坐门外鸡栖上骂移时，听其抑扬顿挫，备极行文之妙。初开口如饿鹰叫雪，嘴尖吭长，而言重语狠，直欲一句骂倒。久之意懒神疲，念艺圃辛勤，顾物伤惜，啧啧呶呶，且詈且诉，若惊犬之吠风，忽断忽续。旋有小儿唤娘吃饭，妇推门而起，将入却立，蓦地忿上心来，顿足大骂，声暴如雷，气急

【锺校】

①“暄”原作“喧”。

如火，如金鼓之末音，促节加厉，欲奋袂而起舞。余骇然回视，截[1]然已止，箸响碗鸣，门掩户闭。僧曰，此妇当堕落。余曰，适读白乐天《琵琶行》与苏东坡《赤壁赋》终篇也。

这一节写得[2]很好玩，却也很有意思。民间小戏里记得有《王婆骂鸡》一出，可见这种情形本是寻常，大家也都早已注意到了，不过这里犊鼻山人特别提出来与古文辞并论，自有见识，但是我因此又想起女人过去的光荣，不禁感慨系之。我们且不去查人类学上的证据，也可以相信女人是从前有过好时光的，无论这母权时代去今怎么辽远，她的统治才能至今还是潜存着，随时显露一点出来，替她做个见证。如上文所说的泼妇骂街，是其一。本来在生物中母兽是特别厉害的，不过这只解释得泼字，骂街的本领却别有由来，我想这里总可以见她们政治天才之百一吧。希腊市民从哲人研求辩学，市场公会乃能滔滔陈说，参与政事，亦不能如村妇之口占急就，而井井有条，自成节奏也。中国士大夫十载寒窗，专做赋得文章，讨武驱鳄诸文胸中烂熟，故要写劾奏讪谤之文，摇笔可

【锺校】

① “截” 原作 “戴”。

② “写得” 原作 “得写”。

成，若仓卒相骂，便易失措，大抵只能大骂混账王八旦，不是叫拿名片送县，只好亲自动手相打矣。两相比较，去之天壤。其次则妇女的挽歌，亦是一例。尝读法国梅[1]里美所作小说《科仑巴》，见其记科仑巴临老彼得之丧，自作哀歌，以歌代哭，闻之足使懦夫有立志，至今尚不忘记。此不独科耳西加岛为然，即在中国凡妇女亦多如此，不过且哭且歌，只哭中有词，不能成整篇的挽歌而已。以上所举虽然似乎都是小事，但我想这就已够证明妇女自有一种才力，为男子所不及，而此应付与组织则又正是政治本领之一也。

对妇女说母权时代的事，这不但是开天以前，简直已是羲皇以上，桑田沧海变化久远，遗迹留存亦已微矣。偶阅陈廷灿在康熙初年所著《邮馀闲记》初集，卷上有关于妇女的几节云：

> 人皆知妇女不可烧香看戏，余意并不宜探望亲戚及喜事宴会，即久住娘家亦非美事，归宁不可过三日斯为得之。
>
> 居美妇人譬如蓄奇宝，苟非封藏甚密，守护甚严，未有不入穿窬之手。故凡女人，足不离内

【锺校】

①“梅”原作“美”。

室，面不见内亲，声不使闻于外人，其或庶几乎。

余见一老人，年八十馀，终身不娶。及问其故，曰，世无贞妇人，故不娶也。噫！激哉老人之言也，信哉老人之言也。——然不可为训。世岂无贞妇人哉，顾贞者不易得耳。但能御之以礼，闲之以法，而导之节义，则不贞者亦不得不转而为贞矣。

要证明近世男尊女卑的现象，只用最普通的《女儿经》的话也已足够了，我这里特别抄引兰亭陈君的文章，不但因为正阅看此书，顺手可抄，实因其说得显露无隐讳耳。这一段落，不知道若干千年，恐怕老是在连续着，不佞幸而不生为妇人身，想来亦不禁愕然，身受者未知如何，而其间苦乐交错，似乎改变又非易易，再看世上各国也还没有什么好办法，可知此种成就总当在黄河清以后吧。

明末有清都散客，即是赵忠毅公赵梦白南星，著有《笑赞》一卷七十二则，其第五十一则云：

郡人赵世杰半夜睡醒，语其妻曰，我梦中与他家妇女交会，不知妇女亦有此梦否？其妻曰，男子妇人有甚差别。世杰遂将其妻打了一顿。至今留下俗语云，赵世杰夜半起来打差别。赞曰：

道学家守不妄语为良知，此人夫妻半夜论心，似非妄语。然在夫则可，在妻则不可，何也？此事若问李卓吾，定有奇解。

案卓吾老子对于此事不曾有什么表示，盖因无人问他之故，甚为可惜，但他的意见在别的文章中亦可窥见一点，如《焚书》卷二《答以女人学道为见短书》中云：

故谓人有男女则可，谓见有男女岂可乎？

即此可知卓吾之意与赵世杰妻相同，以为男子妇人有甚差别也。此在卓吾说出意见或梦白提出疑问，固难能可贵，但尚不能算很难，若赵世杰妻乃不可及，不佞涉猎杂书，殊未见第二人，武则天山阴公主犹不能比也。至于被打则是当然，卓吾亦正以是而被弹劾，梦白隐于笑话，亦幸而免耳。至赵世杰者乃是正统派，其学说流传甚远，上文所引《邮馀闲记》诸条，实即是打差别的注疏札记，可以窥豹一斑矣。

李卓吾以后中国有思想的人要算俞理初了。《癸巳存稿》卷四有一篇小文，题曰《女》，末云：

《庄子·天道》篇云："尧告舜曰，吾不敖[1]无告，不废穷民，苦死者，嘉孺子而哀妇人，

【锺校】

① "敖"原作"虐"。

此吾所以用心也。”……盖持世之人未有不计及此者。

《癸巳类稿》卷十三“节妇说”中云：

古言终身不改，言身则男女同也。七事出妻，乃七改矣，妻死再娶，乃八改矣。男子理义无涯涘，而深文以罔妇人，是无耻之论也。

二者口气不一样，意思则与卓吾同。李越缦在日记中评之曰：

语皆偏谲，似谢夫人所谓出于周姥者，一笑。

这一句开玩笑的话，我觉得却是最好的批评。盖以周公而兼能了解周姥的立场，岂非真是圣人乎？卓吾理初虽其学派迥不相同，但均可以不朽矣。

（二十六年七月十日，在北平记）

谈卓文君

今人中间我颇留意收集钱谪星的著作，因为他很有些见识，虽然是个老翰林，今年也有六十多岁了。所著已搜到八册十五种，最近所得的里边有一卷《课馀闲笔》凡三百馀则，其一云：

开辟以来第一真快事，莫如卓女奔相如。

这句话令我想起李卓吾来。据《藏书》二十九“司马相如传”中云：

相如，卓氏之梁鸿也。使当其时卓氏如孟光，必请于王孙，吾知王孙必不听也。嗟夫，斗筲小人何足计事，徒失佳偶，空负良缘，不如早自决择，忍小耻而就大计。《易》不云乎，同声相应，同气相求，同明相照，同类相招，云从龙，风从虎。归凤求凰，安可诬也。

其实平心想起来，这些意思原来也很平凡。《诗经·有狐》朱子注云：“国乱民散，丧其妃耦，有寡妇见鳏夫而欲嫁之。”又《孟子》“答万章问舜之不告而娶”云：

告则不得娶。男女居室，人之大伦也，如告则废人之大伦，以怼父母，是以不告也。

卓吾的话差不多也只是这个意思，而举世哗然，张问达弹劾他特别举出，以冯道为吏隐，以卓文君为善择佳偶，为狂诞悖戾不可不毁的理由之一，这是什么缘故呢？写那《板桥杂记》的余澹心序李笠翁的《闲情偶记》云：

独是冥心高寄，千载相关，恶王恭王安石之不近人情，而独爱陶元亮之闲情作赋。

说的很通达，但是为王山史作《山志》的序则云：

志中论佛老论袄[1]民论王安石李贽屠隆，皆与余合。

卷四论李贽一条别无新意见，只是说可惜不及明正典刑，墓碑没有毁掉而已，不知余君何以如此佩服。钱君独能排众议，称扬卓女，与卓吾表同情，觉得是很难得的。《课馀闲笔》有钱君严父鹤岑的小引，称其议论古今，体会人情物理，有可采者，真可谓知子莫若父，而鹤岑之非常人亦可以想见矣。

【锺校】

①“袄”原作“祆”。

《战国策》秦策里有一个譬喻，有人调戏两个女人，或从或不从，他享受从者而羡慕不从者，其说曰：

居彼人之所，则欲其许我也。今为我妻，则欲其为我詈人也。

这本说明雄主对付臣下的机心，却也正是普通男子的心理。更进一步说，现代性心理告诉我们，老流氓愈要求处女，多妻者亦愈重守节。中国之尊重贞节，宜也。偶阅邓文如的《骨董琐记》，在卷六有"改号娶小"则云：

王崇简《冬夜笺记》云，明末习尚，士人登第后易号娶妾，故京市谚曰，改个号，娶个小。有劝张受先娶妾者，怆然曰，甫释褐而即背糟糠，吾不忍为也。

我读了不觉愕然。这倒并不因为我有好些别号的缘故，我那许多别号与"恋爱"都无关，只是文章游戏，如有必要就是完全废除也无妨碍的。我所感觉奇怪的是这三百年来事情一致。现在的中国人改号与娶小未必还连在一起吧，但即使大家不大热心于改号，对于娶小大约总是不表示冷淡的。据德国性学家希耳须菲耳特（M. Hirschfeld）在他的游记《男与女》第二十五章中说：

现在全中国的男子中约计百分之三十各人只有一个妻子，由于种种理由，或是道德的，或是经济的，也或者是性心理的。约百分之五十，这里包括许多苦力在内，有两个妻子。约百分之十有三至六个女人，此外百分之五据说有六个以上，或有三十个妻子，也或有更多的。关于张宗昌将军，听说他有八十位，但在他败后定居日本之前只留下一个，其馀都给钱打发走了。我在香港时有人指示一个乞丐给我看，他除正妻之外还养着两位姨太太云。

我们即使不懂别的大道理，一点普通的数学知识总是有的，三十与六十五哪一个数目大？中国多妻主义势力之大正是当然的，他们永久是大多数也。中国喊改革已有多年，结果是鸦片改名西北货，八股化装为宣传文，而姨太太也着洋装号称“爱人”，一切贴上新护符，一切都成为神圣矣。非等到男女两方都能经济独立不能自由恋爱，平常还仍是多妻而已。卓文君当初虽做得好，值得卓吾老子称赞，但后来也几乎被遗弃，以一篇《白头吟》幸得保存。由此观之，可知着犊鼻裤涤器的欢子尚不免有改号的雅兴，女人随在有被高阁之可能，其有幸而免者，盖犹人之偶不发肺结核或虽发而早期治愈耳。一二贤哲为反抗礼教的压迫特为卓氏说一句话，其意甚可感，若有人遂以为她是幸福的女人，则亦犹未免为傻瓜也。

谈文字狱

不久以前我曾说过，人类虽是从动物进化来的，但他也有禽兽不如的几种恶习，如卖买淫及思想文字狱等。在野蛮时代，犯了禁忌的人如不伏冥诛亦难逃世法，这已非禽兽所有事，多少有点离奇了，不过那时是集团生活时代，思想差不多是统一的，所以这不成为问题，一直要到个人化渐发达，正统与异端显然分立，思想文字狱乃为人所注意，因此这时代自然不会很早的了。现在没有这些工夫去翻书，只就我们记得的来讲，则孔子杀少正卯可以说是以思想杀人的较早的一例，而杨恽之狱则是以文字杀人的例。据《孔子家语》说：

孔子为鲁司寇，摄行相事。于是朝政七日而诛乱政大夫少正卯，戮之于两观之下，尸于朝三日。子贡进曰，夫少正卯鲁之闻人也，今夫子为政而始诛之，或者为失乎。孔子曰，居，吾语以汝其故。天下有大恶者五，而窃盗不与焉。一曰心逆而险，二曰行僻而坚，三曰言伪而辩，四曰记丑而博，五曰顺非而泽。此五者有一于人，则不免君子之诛，而少正卯皆兼有之。

这件事或者如朱晦庵所疑并非事实亦未可知，但总之是儒教徒的一种理想，所以后来一直脍炙人口，文人提到异己者便想加以两观之诛，可以知矣。杨子幼的《报孙会宗书》因为收在古文选本里，知道的人很多（《文选》虽也有，恐怕看的少了），就成为古代文字狱的代表。就事论事，这两案是同样的冤枉，同样的暴虐，若其影响及于世道人心者则自以前者为甚。盖普通以文字杀人的文字狱其罪名大都是诽谤，虽然犯上作乱，大逆不道，加上好些好听的名称，却总盖不过事实，这只是暴君因被骂或疑心如此而发怒耳，明眼人终自知道，若以思想杀人的文字狱则罪在离经叛道，非圣无法，一般人觉得仿佛都被反对在内，皆欲得而甘心，是不但暴君欲杀，暴民亦附议者也。为犯匹夫之怒而被杀，后世犹有怜之者，为大众所杀则终了矣。虽或后来有二三好事者欲为平反，而他们自己也正为大众所疾视，不独无力且亦甚危事也。其一是政治的杀人，理非易见，其一是宗教的杀人，某种教旨如占势力则此钦案决不能动，千百年如一日，信仰之力亦大矣哉。因为这个理由，在文字狱中我特别看重这一类，西洋的巫蛊与[1]神圣裁判之引起我的兴味亦正为此，其通常诽谤的文字狱固是暴君草菅人命的好例，但其影响之重大则尚未能相比耳。

我们说起近代的文字狱来，第一总想到康熙乾隆时的那许多案件，但那些大抵是大逆不道案而已，在专制的满清时代，这是当然的，其缺少非圣无法案者非是朝廷特别宽容这个，乃因中国人在思想上久已阉割了之故，即使有人敢诽谤皇帝，也总不敢菲薄圣人也。清末出了一个谭复生，稍稍想挣扎，却不久即死在大逆案里，我们要找这类的人只好直找上去，去今三百馀年前才能找到一位，这即是所谓李秃李卓吾。明万历三十年（一六〇二）那时卓吾七十六岁，礼部给事中张问达上疏劾奏，据《山志》卷四（比《日知录》稍详）所引略云：

> 李贽壮岁为官，晚年削发。近又刻《藏书》《焚书》《卓吾大德》等书，流行海内，惑乱人心。以吕不韦李园为智谋，以李斯为才力，以冯道为吏隐，以卓文君为善择佳偶，以司马光论桑弘羊欺武帝为可笑，以秦始皇为千古一帝，以孔

【锺校】

①“与”原作“具”。

子之是非为不足据。狂诞悖戾未易枚举，剌[1]缪[2]不经，不可不毁。尤可恨者，寄居麻城，肆行不简，与无良辈游庵院，挟妓女，白昼同浴。勾引士人妻女入庵讲法，至有携衾枕而宿庵观者，一境如狂。又作《观音问[3]》一书，所谓观音者皆士人妻女也。后生小子喜其猖狂放肆，相率煽惑，至于明劫人财，强搂人妇，同于禽兽而不之恤。……望敕礼部檄行通州地方官将李贽解发原籍治罪，仍檄行两畿各省，将贽刊行诸书并搜简其家未刻者尽行烧毁，毋令贻乱后日，世道幸甚。

奉圣旨云：

李贽敢倡乱道，惑世诬民，便令厂卫五城严拿治罪。其书籍已刻未刻者令所在官司尽搜烧毁，不许存留。如有徒党曲庇私藏，该科及有司访参奏来并治罪。

卓吾遂被逮至北京，其时在闰二月，至三月十五日自刎死狱中。张问达阿附首相沈一贯劾奏李卓吾的两款

【鄢校】

①"剌"原作"刺"。

②"缪"原作"谬"。

③"问"原作"间"。

是异端惑世与宣淫，对于这两点马敬所已经替他辨明得很清楚，原文见《李温陵外纪》，不容易得，近有容肇祖著《李卓吾评传》，朱维之著《李卓吾论》后附铃木虎雄原著《李卓吾年谱》，均有转录。卓吾之死，《山志》说是惧罪自尽，但据年谱引马敬所答张又玄书云：

> 先生视死生平等，视死之顺信平等，视一死之后人之疑生平等。且不刎于初系病苦之日而刎于病苏之后，不刎于事变初发圣怒难测之日，而刎于群喙尽歇事体渐平之后，此真不可思议。其偈有曰，志士不忘在沟壑，勇士不忘丧其元。先生故用此见成头巾语，障却天下万世人眼睛，具佛眼者可令此老瞒过耶。

可知那班正统派如王山史等人所说都是不对的，彼亦未必是有意讲坏话，盖只是以他自己的心忖度别人耳。

谏官与首相勾结了去对皇帝说，谋除去一个异端，这也原是平凡的事，说过就可搁起，我这里所觉得有意思的乃是一般读书人对于此事的感想。读书人里自然也有明理的人，如马敬所焦弱侯袁小修陶石篑钱牧斋等，他们的话虽然很好这里且不提，因为我所注意的多在反面那一边。第一个我们请出鼎鼎大名的顾亭林来。在《日知录》卷十八“李贽”条下抄录张问达疏及旨后说道：

愚按自古以来小人之无忌惮而敢于叛圣人者莫甚于李贽，然虽奉严旨而其书之行于人间自若也。

又云：

天启五年九月四日川道御史王雅量疏，奉旨：李贽诸书怪诞不经，命巡视衙门焚毁，不许坊间发卖，仍通行禁止。而士大夫多喜其书，往往收藏，至今未灭。

王山史在《山志》初集卷四“李贽”条下云：

温陵李贽颇以著述自任，予考其行事，察其持论，盖一无忌惮之小人也，不知当时诸君子如焦弱侯辈何以服之特甚，予疑其出言新奇，辨给动听，久之遂为所移而不觉也。

又云：

予尝谓李贽之学本无可取，而倡异端以坏人心，肆淫行以兆国乱，盖盛世之妖孽，士林之梼杌也，不及正两观之诛，亦幸矣。

此后抄录疏旨，又云：

已而贽逮至，惧罪自尽，马经纶为营葬通州。闻今有大书二碑，一曰李卓吾先生墓，焦竑题，一曰卓吾老子碑，汪可受题。表章邪士，阴违圣人之教，显倍天子之法，亦可谓无心矣。恨当时无有闻之于朝者，仆其碑并治其罪耳。

两位遗老恨恨之状可掬，顾君恨书未能烧尽，王君则恨人未杀，碑未仆也。我曾说：

奇哉亭林先生乃赞成思想文字狱，以烧书为唯一的卫道手段乎，只可惜还是在流行，此事盖须至乾隆大禁毁明季遗书而亭林之愿望始满足耳。不佞于顾君的学问岂敢菲薄，不过说他没有什么思想，而且那种正统派的态度是要不得的东西，只能为圣王效驱除之用而已。不佞非不喜《日知录》者，而读之每每作恶中辍，即有因此种恶浊空气混杂其中故也。

此外有冯定远，在《钝吟杂录》中亦有说及，如卷二《家戒下》云：

一家之人各以其是非为是非则不齐，推之至于天下，是非不同则风俗不一，上下不和，刑赏无常，乱之道也。李卓吾者乱民也，不知孔子之是非而用我之是非，愚之至也。孔子之是非乃千古不易之道也，君君，臣臣，父父，子子，一部《春秋》不过如此。

何义门批注云：

牧翁以为异人，愚之至也。吾尝谓既生一李卓吾，即宜生一牛金星继其后矣。

又卷四《读古浅说》云：

余于前人未尝敢轻诋，老人年长数十岁便须致敬，况已往之古人乎。然有五人不可容。李秃之谈道，此诛绝之罪也，孔子而在，必加两观之诛矣。

顾王二君皆是程朱派，视王阳明如蛇蝎，其骂李卓吾不足怪，钝吟本是诗人，《杂录》中亦有好意思，如此学嘴学舌，殊为可笑，至于何义门实太幼稚，更不足道矣。尤西堂著《艮斋杂说》正续十卷，除谈佛处不懂外多可看，卷五有一则论李卓吾金圣叹，其上半云：

李卓吾，天下之怪物也，而牧斋目为异人。其为姚安太守，公座常与禅衲俱，或入伽蓝判事。后去其发，秃而加巾，以妖人逮下狱，遂自到死。当是时，老禅何在，异乎不异乎。

西堂语较平凡，但也总全不了解。即此数人殆可代表康熙时读书人对于李卓吾的意见，以后人云亦云，大概没有什么变化，直至清末革命运动发生，国学保存会重印《焚书》，黄晦闻吴又陵诸君始稍为表章，但是近十年来正统派思想又占势力，搢笏大官与束发小生同骂公安竟陵以文章亡国，苟使他们知有李秃，岂有不更痛骂之理，回思三十年来事，真不胜今昔之感也。

李卓吾为什么是妖人及异端呢？其一是在行为，他去发，讲学根佛说，与女人谈道。其一是在思想，王山史引《藏书》的总目论中语云：“人之是非初无定质，览者但无以孔子之定本行赏罚。”

年谱引答耿中丞书云：

> 夫天生一人自有一人之用，不待取给于孔子而后足也。若必待取给于孔子，则千古以前无孔子，终不得为人乎。（案原书见《焚书》卷一）

又《童心说》云：

> 夫六经《语》《孟》，非其史官过为褒崇之词，则其巨子极为叹美之语，又不然则其迂阔门徒，懵懂弟子，记忆师说，有头无尾，得后遗前，随其所见，笔之于书。后学不察，便以为出自圣人之口也，决定目之为经矣，孰知其大半非圣人之言乎。纵出自圣人，要亦有为而发[1]，不过因病发药，随时处方，以救此一等懵懂弟子迂阔门徒云耳。药医假病，方难定执，是岂可遽以

【锺校】

①“发”原作“废”。

为万世之至论乎？然则六经《语》《孟》乃道学之口实，假人之渊薮也，断断乎其不可以语于童心之言明矣。(《焚书》卷三)

铃木氏评曰："辞或失之不逊，或陷于过贬，但酌其发言之精神所在，实可谓向后世儒生所陷的弊端下一金针。不料这些话却给与迫害卓吾的人以好口实，好像当他是反抗儒教的大罪人。"（据朱君译文原本）《焚书》卷二《答以女人学道为见短书》中有云：

故谓人有男女则可，谓见有男女岂可乎。谓见有长短则可，谓男子之见尽长，女人之见尽短，又岂可乎。设使女人其身而男子其见，乐闻正论而知俗语之不足听，乐学出世而知浮世之不足恋，则恐当世男子视之皆当羞愧流汗不敢出声矣。此盖孔圣人所以周流天下，欲庶几一遇而不可得者，今反视之为短见之人，不亦冤乎。冤不冤与此人何与，但恐旁观者丑耳。

这些话大抵最犯世间曲儒之忌，其实本来也很平常，只是因为懂得物理人情，对于一切都要张眼看过，用心想过，不肯随便跟了人家的脚跟走，所得的结果正是极平常实在的道理，盖日光之下本无新事也，但一班曲儒便惊骇得了不得，以为非妖即怪，大动干戈，乃兴诏狱。卓吾老子死了，这也没有什么希奇，其《五死篇》中本云：

既无知己可死，吾将死于不知己者以泄怒也。(《焚书》卷五)

他既自己知道，更不必说冤矣。且卓吾亦曾云：

冤不冤与此人何与，但恐观旁者丑耳。

我们忝为旁观者，岂能不为中国丑？不佞之不禁喋喋有言，实亦即为此故，不然与卓吾别无乡世寅戚谊，何必如此多嘴乎。年谱引《温陵外纪》卷一余永宁著《李卓吾先生告文》云：

先生古之为己者也。为己之极，急于为人，为人之极，至于无己，则先生者今之为人之极者也。

这几句话说得很好。凡是以思想问题受迫害的人大抵都如此，他岂真有惑世诬民的目的，只是自有所得，不忍独秘，思以利他，终乃至于虽损己而无怨。此种境地吾辈凡夫何能企及，但为己之极急于为人，觉得不可不勉，不佞近数年来写文章，总不敢违反此意也。

（廿六年四月九日，北平）

【附记】《焚书》卷三《卓吾论略》中云：“年十二，

试《老农老圃论》，居士曰，吾时已知樊迟之问在荷蒉丈人间，然而上大人丘乙己不忍也，故曰小人哉樊须也，则可知矣。论成，遂为同学所称。”此语甚有意致，文中不及引用，附识于此，供读《论语》者之参考也。

谈关公

《越缦堂日记补》第五册咸丰八年戊午正月下云：

初七日甲申晴。下午进城至仓桥书肆，借得明人张青父丑《清河书画舫》十四册，归阅之，其论书画颇不减元人，间附考证亦多有据，又全载昔人题跋及诸评论，皆有意致可观，丑自赘者亦楚楚不俗，最宜于赏鉴家。昔钱思公尝言于厕上观杂书，未免太亵，若此者正当携之舟中马上耳。

乾隆时池北草堂刻本《书画舫》原有一部，看了这篇批评便找了出来，我不是赏鉴家，没有什么用处，也只是看看题跋之类罢了。卷一开首是“钟繇”，对于他的兴趣却并不在法书，还是由于《世说新语》所载司马昭嘲钟会的话：“与人期行，何以迟迟，望卿遥遥不至。”

其次是因为书。《画舫》上所录的一篇《贺捷表》，严可均辑《全三国文》卷二十四根据《绛帖》录有全文，今转抄于下：

臣繇言。戎路兼行，履险冒寒，臣以无任，不获扈从，企仰①悬情，无有宁舍。即日长史逮充宣大令命，知征南将军运田单之奇，厉愤怒之众，与徐晃同②势，并力扑讨，表里俱进，应期克捷，馘灭凶逆。贼帅关羽已被矢刃，傅方反复，胡修背恩，天道祸淫，不终厥命。奉闻嘉憙，喜不自胜，望路载笑，踊跃逸豫，臣不胜欣庆，谨拜表因便宜上闻。臣繇诚皇诚恐，顿首顿首，死罪死罪。建安二十四年闰月九日南蕃东武亭侯③臣繇上。

此文在《书画舫》中也有，但是有缺文，贼帅关羽四字都是墨钉，后面引广川书跋云：

永叔尝辩此，谓建安二十四年九月关羽未死，不应先作此表。

又张丑注云：

《东观馀论》考《魏志》是年十月羽为徐

【锺校】

①“仰”原作“伫”。

②“同”原作“回”。

③“侯”原作“候”。

晃所败，表内只云被矢刃，时羽为流矢所伤，未始言其死也，此表非伪，表云闰月是十月，非九月也。

上边三处羽字均非空格，与表文并看，可知是避讳无疑，盖是吴氏刻书时所为，张丑原本当不如是。查陈寿《三国志》三十六《蜀书》六《关张马黄赵传》，记关羽事凡九百馀言，所可取者唯报曹归刘一事耳，传末评曰：

关羽张飞皆称万人之敌，为世虎臣。羽报效曹公，飞义释严颜，并有国士之风。然羽刚而自矜，飞暴而无恩，以短取败，理数之常也。

这是很得要领的话。张飞传中亦云："羽善待卒伍而骄于士大夫，飞爱敬君子而不恤小人。"那么这两位实在也只是普通的名将，假如画在百将图里固然适宜，尊为内圣外王则显然尚无此资格。人家对张飞的态度也还是平常，如称莽撞人曰猛张飞（其实猛恐即是莽，今照俗音写），又吾乡有鸟，颊上黑白纹相杂，乡人称之曰张飞鸟（Tsangfi-tiau），亦不详其本名。若关羽便大不相同了，听说戏台上说白自称吾乃关公是也，这是戏子做的事，或者[①]可以说是难怪，

【锺校】

①"者"原作"若"。

士大夫们也都避讳，连《书画舫》这种书里也出现了，这不能不算是大奇事。论其原因第一当然是《三国志》衍义的传播。沈涛的《交翠轩笔记》卷四有一则云：

明人作《琵琶记》传奇，而陆放翁已有满村都唱蔡中郎之句。今世所传《三国演[1]义》亦明人所作，然东坡集记王彭论曹刘之泽云，涂巷小儿薄劣，为其家所厌苦，辄与数文钱，会聚听说古话，至说三国事，闻玄德败则噘[2]蹙有涕者，闻曹操败则喜唱快，以觉知君子小人之泽百世不斩云云。是北宋时已有演说三国野史者矣。

东坡时已说三国，固是很好的考证资料，但我所觉得有意思的还在别一件事，即是爱护刘皇叔的心理那时已如此普遍，这与关羽的被尊重是很有关系的。那时所讲的内容如何，现在已无可考，我们只看元至治刊本《新全相三国志平话》，可以知道故事总是幼稚的很，一点都看不出五虎将怎样的了不得，可是有

【锺校】

①“演”原作“衍”，据瓜蒂庵藏明清掌故丛刊《交翠轩笔记》改。

②“噘”原作“吨”。

一件奇事，全相中所画人物身边都写姓名，就是刘皇叔也只能叫声玄德，唯独关羽却都题曰关公，似乎在六百年前便已有点神圣化了，这个理由很不容易了解。至治本《平话》不必说了，便是弘治年《三国志通俗演义》以至毛声山评本，里边讲的关羽言行都别无什么大过人处，至多也不过是好汉或义士罢了，无论怎么看没有成神的资格，虽然去当义和团等会党的祖师自然尽够。——义和的本字实系义合，这类点号至今在北方还是极常见，盖是桃园结义的影响，如刘关张之尚义气而结合，他们也会集了来营商业或练武技耳。关羽在民间所受英雄的崇拜我们可以了解。若神明的顶礼则事甚离奇，在《三国演义》的书本或演辞中都找不出些须理由来，我所觉得奇怪的就是这一件事。关羽封神称帝的历史我未能仔细查考，唯据阮葵生《茶馀客话》卷四云：

> 关庙之见于正史者唯《明史》有之，其立庙之始不可考，俗传崇宁真君封号出自宋徽宗，亦无据。按《元史祭祀志》，每岁二月十五日于大殿启建白伞盖佛事，与众祓除不祥，抬舁监坛汉关某神轿。夫曰抬舁神轿，则必塑像，有塑像则必有庙宇矣，然则庙始于元之先可知也。

又云：

明万历四十二年甲寅十月十日加封为三界伏魔大帝神威远镇天尊关圣帝君。四十五年丁巳五月福藩常洵序刻洛阳关帝庙签簿曰，前岁予承命分封河南，关公以单刀伏魔于皇父宫中，托之梦寐间，果验，是以大隆徽号，由是敕闻天下而尊显之云云。予见各省关庙题旌皆同此号，殆始于明神宗时。

可知关圣帝君的名称起于万历，万历[①]是一位大昏君而其旨意在读书人中发生了大效力，十足三百年里大家死心塌地[②]的信奉。因为是圣是帝而又是神，所以尊严得了不得，避讳也正是当然，犹如不敢写丘字玄字一样，却不知道他原来是骄于士大夫的，读书人的丑态真是毕露了。他们又送“志在春秋”的匾额给他，硬欲引为同类，也很可笑。据本传裴松之[③]注云：“羽为《左氏传》，讽诵略皆上口。”那么其程度似亦颇浅，后人如欲于武人中求《春秋》学者，何不再等几年去找那项下有瘿的杜预乎。阮葵生云：“雍正四年增设山西解州五经博士一人。”此亦是送匾之

【锺校】

①“万历”原作“禹斋”。

② 原无“地”字，今增。

③“裴松之”原作“裴山松”。

意，或可为读书人解嘲。不佞非敢菲薄古人，只因看不出关羽神圣之处何在，略加谈论，若是当他一条好汉，则当然承认，并无什么不敬之意也。

（廿六年八月五日）

关于阿 Q

阿 Q 近来也阔气起来了，居然得到画家给他画像，不但画而且还有两幅。其一是丰子恺所画，见于《漫画阿 Q 正传》。其二是蒋兆和所画，本来在他的画册中，在报上见到。丰君的画从前似出于竹久梦二，后来渐益浮滑，大抵赶得着王冶梅算是最好了，这回所见虽然不能说比《护生画集》更坏，也总不见得好。阿 Q 这人，在《正传》里是可笑可气而又可怜的，蒋君所画能抓到这一点，我觉得大可佩服，那一条辫子也安放得恰好，与漫画迥不相同。不过蒋君的阿 Q 似乎太瘦一点了，在有些场面，特别是无赖胡扯的时候[1]，阿 Q 如是那么瘦便有点不相称的，实际上阿 Q 本人也还比较的胖。文学家所写，艺术家所画的人物，自然不必全要照原样，但是实物的比较有时

【锺校】

①“候”原作“位”。

也不是无用。我在三十年前曾认识真阿Q，说起来有点面善，就所记忆略记数则，以供参考。

阿Q本来是阿桂拼音的缩写，照例拼音应该写作Kuei，那么当作阿K，但是作者因为字样子好玩，好像有一条小辫，所以定为阿Q，虽然声音稍有不对也不管了。其实阿桂也原是对音的字，或者是阿贵也说不定，只因通常写作阿桂，这里也就沿用，不问他的生日是否在阴历八月里，阿桂姓谢，这是我查了民国四年的日记才记起来的。说到民国四年，那么阿Q在辛亥年未被枪毙可想而知了，作者硬把他枪毙了事，这里有两个原因，其一是不枪毙这《正传》便无从结束，其二更重要的则由于作者对于死罪犯人沿路唱戏大家喝[1]彩的事很感兴味，借此可以写进去。阿桂平日只是小小的偷点东西罢了。

他有一个胞兄，名叫阿有，专门给人家舂米，勤[2]苦度日，大家因为他为人诚实，多喜欢用他，主妇们也不叫他阿有，却呼为有老官，以表示客气之意。阿桂在名义上也是打杂的短工，但总是穷得很，虽然并不见他酗酒或是抽大烟。到了穷极的时候，他

【锺校】

①“喝”原作“唱”。

②“勤”原作“劝”。

便跑去找他老兄，有一回老兄不肯给钱，他央求着说，这几天实在运气不好，偷不着东西，务必请借给一点，得手时即可奉还。他哥哥喝道，这叫作什么话，你如不快走，我就要大声告诉大家了。他这才急忙逃去。其时阿有寄住在我们一族的大门的西边门房里，所以这件事我记得很清楚。阿桂虽然以偷为副业，打杂总算是正业罢。可是似乎不曾被破获过，吊了来打，或是送官戴大枷，假如有过，一定会得街口传遍，我们也就立刻知道了。所以他在这一点上，未始不是运气很好。但是话虽如此，枪毙可能他也并不是没有。辛亥革命那一年，杭州已经反正，绍兴的知县和绿营管带都逃走了，城防空虚，人心皇皇，那时阿桂在街上走着嚷道，我们的时候来了，到了明天我们钱也有了，老婆也有了。有破落的大家子弟对他说，像我这样的人家可以不要怕。阿桂对答得好：你们总比我有。有者，俗语谓有钱也。这样下去，阿桂说不定真会动起手来，可是不凑巧，嵊县的王金发[①]已由省城率队到来，自己立起军政分府，于是这机会就永远失掉了。

阿桂虽穷而并不憔悴，身体颇壮健，面微圆，颇

【锺校】

①“发”原作“法”。

有乐天气象。我所记得的阿桂的印象是这一副形相，赤背，赤脚，系短布裤，头上盘辫。吾乡农工平常无不盘辫，盖为便于操作故也，见士绅时始站立将辫发推下，这就是说把盘在头上的辫子向后一推，使下垂背后，以表敬意。赤脚也是乡民的常习，赤背在夏天原是很普通的事，——但是阿桂难道通年如此的么？这未必然。那么为什么我总记得他是赤背的呢？理由其实很是简单。有一年的夏天，大约总是民国初年，我看见他在我门[①]口走过，赤着背，如上文所记的那种形相，两手捧着一只母鸡，说道，谁要不要买？有人笑问，阿桂你这鸡哪里抓来的？他微笑不答。恐怕这鸡倒不是偷来的，有些破落的大人家临时要用钱，随手拿起东西叫人去卖，得了几角小洋，便从中拿一角给做酬劳，这是常有的事。我还有一回看见阿桂拿了一个铜火锅叫卖，那时他的服装已记不得了，不知怎的那回卖鸡的印象留得很深，所以想起来时总觉得他是赤着背。此外大约还卖别的各色东西，虽然我未曾亲见，但是听人说这什么是向阿桂买来的，也是常有的事。我同阿桂做过几次交易，却是古砖之类，他听说我要买有字的砖头，找了几块来卖，后来大概因

【锺校】

①“门”原作“们”。

为没有多大油水的缘故罢，不再拿来了。查旧日记，在民国四年乙卯那一册里找到这几项记录。

十一月十六日，雨。上午谢阿桂携一砖来，三面有文，云永和十年太岁在甲寅，□月□章孟高作，孟南成，共十九字，字多讹泐，顶有双鱼，两面各平列八鱼形。下午又以其一来，顶文曰十二月葬，正书，云皆是胡氏物，共以一元易得之。

十九日，阴。下午阿桂以二断砖来，留拓二纸。

廿一日，阴雨，上午阿桂来，断砖因索值高议不谐，即还之。

十二月廿五日，晴。上午谢阿桂又持天监普通二断砖来，以五角收之。

右四砖均于民国八年移家时搬至北京。永和十年砖后来托平伯持赠阶青先生，曾见其手拓一纸，有题记曰："永和砖见著录者二十有四，十年甲寅作者有汝氏及泉文砖，而长及一尺一寸，且遍刻鱼文者，惟此一砖，弥可珍矣。阶青记。"梁砖全文，一曰天鉴二年癸未，一曰普通四年作，亦胡氏物，皆未上蜡，而坚黑如铁沙，天监又写作鉴，特别可喜。十二月葬乃是常砖，我看至多是赵宋时代而已，或曰葬字写得怪，恐非唐人不能，我也不能表示是否。总之阿桂卖给我过这些砖头，我对于他是不无好意的。他的行状，据我们知道可以说的就是这一点。《正传》中有许多乃是他的弟兄们的事，如对了主人家的仆妇跪下道，你给我做老婆罢，这事是另有主名的，移转来归入他的账下。先贤说过，恶居下流，天下之恶皆归焉，其是之谓欤。

（廿八年十二月三十日记）

两篇小引

一　《秉烛谈》序

这本集子本想叫作《风雨后谈》，写信去与出版者商量，回信说这不大好，因为买书的人恐怕要与《风雨谈》相混，弄不清楚。我仔细一想觉得这也说得有道理，于是计算来改一个新名字。可是这一想就想了将近一个月，不说好的，就是坏名字也想不出。这样情形，那么结集的工作只好暂且放下，虽然近半年中写的文章大小共有三十四篇，也够出一本集子了。今日翻看唱经堂《杜诗解》，——说也惭愧，我不曾读过《全唐诗》，唐人专集在书架子上有是有数十部，却没有好好的看过，所有一点知识只出于选本，而且又不是什么好本子，实在无非是《唐诗三百首》之类，唱经之不登大雅之堂，更不用说了，但这正是事实。我看了《杜诗解》中《羌村三道》之一，其末联云：

夜阑更秉烛，相对如梦寐。

我心里说道：有了，我找着了名字了。这就叫作《秉烛谈》吧。本来想起来《文选》里有《古诗十九首》，也有句云：

昼短苦夜长，何不秉烛游。

又陶渊明的《饮酒二十首》中也说：

寄言酣中客，日没烛当秉。

这些也都可以援引，时代也较早，不过我的意思是从《羌村》引起来的，所以仍以杜诗为根据。金圣叹在此处批注云：

更秉烛妙。活人能睡，死人那能睡，夜阑相对如梦，此时真须一人与之剪纸招魂也。

虽然说得新奇可喜，于我却无什么用处，盖我用秉烛只取其与“风雨后谈”略有相近的意境耳。老杜原是说还家，这一层我们可以暂且不管他，只把“夜阑更秉烛”当作一种境地看也自有情致，况《诗经》本文云：

风雨潇潇，鸡鸣胶胶，既见君子，云胡不瘳。

岂不更有相对如梦寐之感耶。但是这都没有关系，书名只是书名而已，虽然略可表见著者一点癖好，却不能代表书的内容。这《秉烛谈》里的三四十篇文章大旨还与以前的相差无几，以前自己说明得太多了，现在可以不必再多说，总之是还未能真正谈风月。李卓吾著《焚书》卷一《复宋太守》中有云：

> 凡言者言乎其不得不言者也，为自己本分上事未见亲切，故取陈语以自考验，庶几合符，非有闲[①]心事闲工夫欲替古人担忧也。古人往矣，自无忧可担，所以有忧者，谓于古人上乘之谈未见有契合处，是以日夜焦心，见朋友则共讨论。若只作一世完人，则千古格言尽足受用，半字无得说矣。所以但相见便相订证者，以心志颇大，不甘为一世人士也。

这一节说得很好。吾辈岂得与卓吾老子并论，本来也并无谈道之志，何可乱引，唯觉得意思很有点相近，抄来当作一点说明。《说苑》卷三“修本”中有云：

> 晋平公问于师旷曰，吾年七十，欲学恐已暮矣。师旷曰，何不炳烛乎。……老而好学，如炳烛之明。炳烛之明，孰与昧行乎。

此是别一炳烛，引在这里也颇有意思，虽然离题

【锺校】

①“闲”原作“间”。

已经很远了。

（二十六年四月十日记于北平）

二 《桑下谈》序

《后汉书》卷三十下《襄楷传》中说延熹九年楷上疏极谏，有云：

或言老子入夷狄为浮屠，浮屠不三宿桑下，不欲久生恩爱，精之至也。

章怀太子注云：

言浮屠之人寄桑下者不经三宿，便即移去，示无爱恋之心也。

襄君这话后来很有名，多有人引用，苏东坡诗中有云：

桑下岂无三宿恋，尊前聊与一身归。

但是原典出在哪里呢？博雅如章怀太子，注中也没有说起，我们更没有法子去查找了。老子化胡本是世俗谬说，后来被道士们利用，更觉得没有意思了，不宿桑下或者出于同样的传说亦未可知，不过他的意思颇好，也很有浮屠气，所以我想这多少有点影踪，未必全是随便说的话，我的书名的出典便在这里。

浮屠不欲久住致生爱恋，固然有他的道理，但是从别一方面说来，住也是颇有意味的事。据焦氏《笔乘》说：

> 右军帖云，寒食近，得且住为佳耳。辛幼安《玉胡蝶》词，试听呵，寒食近也，且住为佳。又《霜天晓角》，明日落花寒食，得且住为佳耳。凡两用之，当是绝爱其语。

大抵释氏积极精进，能为大愿而舍弃诸多爱乐，儒家入道者则应运顺化，却反多流连景光之情耳。又据《觚剩续编》讲诗词的脱换法的一则中云：

> 乐行不如苦住，富客不如贫主，本佛经语，而高季迪《悲歌》则曰贫少不如富老，美游不如恶归。

对于脱换法我别无多少兴趣，这里引用钮君的话就只为了那两句佛经，因为我还没有找到他的直接出处。同是说住而这里云苦住，显示出佛教的色彩，盖寒食前的住虽亦萧寂而实际还有浓艳味在内，此则是老僧行径，不必做自己吊打苦行，也总如陶公似的有瓶无储粟之概吧。这苦住的意思我很喜欢，曾经想借作庵名，虽然这与苦茶同是一庵，而且本来实在也并没有这么一个庵。不过这些都无关系，我觉得苦住这句话总是很好的。所谓苦者不一定要“三界无安犹如火宅”那么样，就只如平常说的辛苦那种程度的意义，似乎也可以了。不佞乃是少信者，既无耶和华的天国，也没有阿弥陀佛的净土，签发到手的乃是这部南瞻部洲的摩诃至那一块地方，那么只好住了下来，别无乐行的大志愿，反正在中国旅行也是很辛苦的，何必更多去寻苦吃呢。诗云，谁谓荼苦，其甘如荠，盖亦不得已，诗人岂真有此奇嗜哉。三年前戏作打油诗有云："且到寒斋吃苦茶。"不知道为什么缘故，批评家哄哄的嚷了大半年，大家承认我是饮茶户，而苦茶是闲适的代表饮料。这其实也有我的错误，词意未免晦涩，有人说此种微辞已为今之青年所不憭，而不作此等攻击文字，此外亦无可言云云，鄙人不但活该，亦正是受惊若宠也。现在找着了苦住，掉换一个字，虽缺少婉曲之致，却可以表明意思了吧。

前见《困学纪[1]闻》引杜牧之句云"忍过事堪喜"，曾经写过一篇小文有云：

> 我不是尊奉他作格言，我是赏识他的境界。这有如吃苦茶。苦茶并不是好吃的，平常的茶小孩也要到十几岁才肯喝，咽一口酽茶觉得爽快，这是大人的可怜处。

苦住的意思也就不过如此。我既采取佛经的这个说法，那么对于浮屠的不三宿桑下我应该不再赞成了吧。这却也不尽然。浮屠应当那样做，我们凡人是不可能亦

【锺校】

①"纪"原作"记"。

并无须，但他们怕久生恩爱，这里边很有人情，凡不是修道的人当从反面应用，即宿于桑下便宜有爱恋是也。本来所谓恩爱并不一定要是怎么急迫的关系，实在也还是一点情分罢了。住世多苦辛，熟习了亦不无可留连处，水与石可，桑与梓亦可，即鸟兽亦可也，或薄今人则古人之言与行亦复可凭吊，此未必是怀[1]旧，盖正是常情耳。语云：一树之阴亦是缘分。若三宿而起，掉头径去，此不但为俗语所讥，即在浮屠亦复不情，他们不欲生情以损道心，正因不能乃尔薄情也。不佞生于会稽，其后寄居杭州南京北平各地，皆我的桑下也，虽宿有久暂，各有所怀恋，平日稍有谈说，聊以寄意。今所集者为关于越中的一部分，故题此名，并略释如上。故乡犹故国然，爱而莫能助，责望之意转为咏叹，则等于诔词矣，此意甚可哀也。

中华民国二十六年六月三日著者记于北平知堂。

【附记】《秉烛谈》已出板，唯上无序文，因底稿在上海兵火中烧失了。《桑下谈》则似未曾出板。两篇小引曾在《晨报》上登载过，今据以收录。民国癸未冬日编校时记。

【锺校】

① “怀”原作“竺”。

图书在版编目(CIP)数据

秉烛后谈/周作人著作;锺叔河编订.—长沙:岳麓书社,2020.10
ISBN 978-7-5538-1218-2

Ⅰ.①秉… Ⅱ.①周…②锺… Ⅲ.①散文集—中国—现代
Ⅳ.①I266

中国版本图书馆 CIP 数据核字(2019)第 284640 号

BINGZHU HOU TAN
秉烛后谈
周作人著作 锺叔河编订
特约编辑:鄢 琨
责任编辑:蒋 浩
责任校对:舒 舍
书籍设计:风格八号

岳麓书社出版发行
地址:湖南省长沙市爱民路 47 号
直销电话:0731-88804152 0731-88885616
邮编:410006

版次:2020 年 10 月第 1 版
印次:2020 年 10 月第 1 次印刷
开本:787mm×1092mm 1/32
印张:5.875
字数:96 千字
印数:1—6 000
ISBN 978-7-5538-1218-2
定价:24.00 元

承印:长沙鸿发印务实业有限公司

如有印装质量问题,请与本社印务部联系
电话:0731-88884129